Annette Wolter

Selber einmachen

Die besten Rezept-Ideen nach Großmutters Art

Gräfe und Unzer

Titelseite: Ingwer-Melone (Seite 65), Erdbeer-Rhabarber-Marmelade (Seite 33)

2. Umschlagseite:
Rhabarber-Marmelade (Seite 33),
Arrakfrüchte (Seite 64),
Stachelbeeren auf französische Art (Seite 63)

Annette Wolter
gehört zu den führenden Kochbuch-Autoren im deutschen Sprachraum. Seit über fünfzehn Jahren sind Kochen und Haushalt ihr Ressort.
Annette Wolter begann als Mitarbeiterin großer Frauenzeitschriften. Heute ist sie anerkannte Expertin im Bereich Küche und Keller, Autorin erfolgreicher Kochbücher und mehrfache Preisträgerin der »Gastronomischen Akademie Deutschlands«.

Farbfotos:
City-Studio, Hamburg: S. 55
Kalle AG, Wiesbaden: S. 38
Opekta GmbH & Co., Köln: S. 17, 37
Pfeiffer & Langen, Köln: S. 18
Teubner-Studio, Füssen: S. 27, 28, 56 sowie sämtliche 4 Umschlagbilder

Zeichnungen:
Ingrid Schütz, München

2. Auflage
Nachdruck, auch auszugsweise, ohne ausdrückliche Genehmigung des Verlages nicht gestattet.
© by Gräfe und Unzer GmbH, München
Umschlaggestaltung: Heinz Kraxenberger, München
Satz und Druck: Druckerei Appl, Wemding
Offset-Reproduktionen: G. Reisacher, Stuttgart
Bindung: R. Oldenbourg, München
ISBN: 3-7742-5806-6

Sie finden in diesem Buch

Ein Wort zuvor 4

Das Wichtigste auf einen Blick 5

Die besten Einmach-Methoden 8

Die Rezepte 15

Kompott
Apfelkompott 16
Apfelmus 19
Birnenkompott 20
Pfirsichkompott 21
Heidelbeerkompott 22
Kirschkompott 23
Erdbeerkompott 24
Johannisbeerkompott 25
Preiselbeerkompott 26
Pflaumenkompott 29
Stachelbeerkompott 30
Fruchtcocktail 31

Marmelade
Stachelbeermarmelade 32
Rhabarbermarmelade 33
Pfirsichmarmelade 34
Sauerkirschmarmelade 35
Ananasmarmelade 36
Himbeermarmelade 39
Orangenmarmelade 40
Tomatenmarmelade 41
Hagebuttenmarmelade 42
Holundermarmelade 43
Diabetiker-Marmelade 44
Pflaumenmus 45

Konfitüre
Erdbeerkonfitüre 46
Aprikosenkonfitüre 47

Gelee
Apfelgelee 48
Zitronengelee 49
Quittengelee 50
Weintraubengelee 51

Saft
Erdbeersaft 52
Rhabarbersaft 53
Pfirsichsaft 54
Heidelbeersaft 57
Birnensaft 58
Tomatensaft 59
Möhrensaft 60

Eingelegtes
Feine Essigkirschen 61
Süßsaure Zwetschgen 62
Stachelbeeren auf französische
    Art 63
Arrakfrüchte 64
Ingwer-Melone 65
Russische Senffrüchte 66
Pikante Gurken 67
Pikante Kürbiswürfel 68

Rumtopf 69

Saisonkalender 70

Rezept- und Sachregister 72

Ein Wort zuvor

Selber einmachen – der wiederentdeckte Freizeitspaß für die ganze Familie: Alle helfen gerne mit, vielleicht aus Freude über feine Marmeladen und Gelees zum Frühstück. Oder weil es auch im Winter Kompott, Kuchen und Rumtopf aus Sommerfrüchten und Pikantes aus dem Steinguttopf gibt. Und schließlich vereint das gemeinsame Zurichten und Einmachen die Familie wieder einmal ohne Fernseher!

Der praktische Küchenhelfer gibt Auskunft über Einmachmethoden, über Grundsätzliches und über die Anwendung moderner Küchentechnik, um im geschmacklichen wie auch im ernährungsphysiologischen Sinne die besten Ergebnisse zu erzielen.

Zudem zeigt der Saisonkalender, wie man preiswert Vorräte anlegen kann, indem die jeweils günstigsten Angebote von Obst und Gemüse genutzt werden.

Die Rezepte in diesem Band gehen auf jahrelange Erfahrungen zurück, bewahren liebgewordene geschmackliche Tradition und berücksichtigen gleichzeitig die Forderungen nach moderner gesundheitsfördernder Ernährung. In den jeweils angeführten Tips zeigen wir Ihnen, wie Sie schmackhaft Eingemachtes durch wenige raffinierte Zutaten noch zu besonderen Leckereien steigern können. Derartige Delikatessen eignen sich auch ausgezeichnet zum Verschenken. In hübschen Gläsern eingemacht, mit bunten Etiketten versehen, werden Marmelade, Rumtopf oder Süßsaures zu einem sehr persönlichen Geschenk.

Für den Anfang noch einen kleinen Rat: Beginnen Sie Ihre private Einmach-Saison zunächst mit kleineren Mengen und teilen Sie dabei jedem Familienmitglied eine Aufgabe zu. Schon nach dem Probieren des ersten Selbsteingemachten wird sich aus Begeisterung und Hilfsbereitschaft ein nützliches Familienhobby entwickelt haben. Viel Freude und Erfolg wünscht Ihnen

Annette Wolter

Das Wichtigste auf einen Blick

Einmachen hilft sparen und Eingemachtes bietet reizvolle Abwechslung im Speiseplan, zugleich aber auch nährstoffreiche Vorräte. Allerdings sollte man einige grundsätzliche Dinge beachten, damit eine sinnvolle Arbeit nicht zum sinnlosen Selbstzweck wird.

Das wird gebraucht

Zum Einmachen benötigen Sie außer den Früchten Energie, nämlich Strom oder Gas, Geräte wie Einmachkessel oder Kochtopf, Gläser, Flaschen, Steinguttöpfe mit dem dazugehörigen Material zum Verschließen und natürlich genügend Zeit für die nötigen Arbeiten.

Was lohnt sich

Der Einsatz von Zeit und Geld lohnt sich nur, wenn Obst und Gemüse von guter Qualität sind und möglichst frisch verarbeitet werden. • Die prächtigsten Früchte verlieren an Nährwerten – Vitamine, Mineralstoffe, Fruchtsäure, Aroma – wenn sie erst nach Tagen eingemacht, falsch behandelt oder alle Inhaltsstoffe im unsachgemäßen Verfahren »totgekocht« werden. • Beim Vorbereiten sollten Sie Obst und Gemüse stets vor dem Putzen, Entstielen, Schälen oder Zerkleinern waschen! • Obst und Gemüse dürfen niemals im Wasser liegen bleiben; man braust nur gründlich kalt ab und läßt dann in einem Sieb oder auf einem frischen Küchentuch das Obst und Gemüse abtropfen. • Wirklich lohnend ist das Einmachen, wenn der Kauf der vorgesehenen Früchte in der jeweils preisgünstigsten Saison erfolgt (siehe Saisonkalender Seite 70). Allerdings sollte man auch bei niedrigsten Preisen auf Qualität achten und in etwa die Mengen berechnen, die im Laufe eines Jahres von einer Familie voraussichtlich verzehrt werden.

Gemüse einmachen

Beim Einmachen von Gemüse ist allerdings zu bedenken, daß es bereits nach dem Ernten rasch zum Verderb neigt und deshalb wirklich nur erntefrisch verarbeitet werden sollte. Wegen seines Eiweißgehaltes, der Mikro-Organismen Nährboden bietet, wird Gemüse leicht sauer. Es ist daher schwieriger einzumachen als Obst, bleibt trotz sorgfältiger Arbeit nicht immer haltbar und verliert beim Sterilisieren durch notwendige höhere Temperaturen und längere Kochdauer zwangsläufig an Vitaminen und Nährstoffen. Grundsätzlich eignet sich zum Einmachen nur junges zartes Gemüse, das – vor allem nicht kurz vor der Ernte – gedüngt wurde. Beim Einmachen werden die Kochzeiten für Gemüse stets vom Erreichen des Siedepunktes (100 Grad) an errechnet. Vorteilhaft wird Gemüse im Schnellkochtopf (Dampfdrucktopf) eingekocht, da hier bei Überdruck etwa 120 Grad erreicht werden, wodurch sich die Kochzeit auf etwa 25 Minuten verringert.

Zum Bereiten von Gelee oder Marmelade können ohne weiteres auch Fallobst oder Früchte mit Druckstellen verarbeitet werden; das Wichtigste bleibt die Frische des Einmachgutes, die jedes Verderben ausschließt. • Der Einkauf im Fachgeschäft lohnt sich, weil dort Auskunft eingeholt werden kann, ob sich die jeweilige Obst- oder Gemüsesorte auch gut zum Einmachen eignet.

Die Lagerdauer

Trotz des Erhitzens beim Einmachvorgang bleibt bei Obst und Gemüse ein nicht geringer Teil an wichtigen Wertstoffen erhalten. Die Früchte werden zwar durch das Konservieren haltbar gemacht, also vor Verderb geschützt, doch geht während des Aufbewahrens ein langsamer Abbau der Wertstoffe vor sich. • Eingemachtes, gleichgültig nach welcher Methode, sollte deshalb unbedingt innerhalb eines Jahres verbraucht sein. • Deshalb ist es wichtig, jedes Glas, jede Flasche oder jeden Topf mit Eingemachtem zu beschriften und neben dem Inhalt vor allem auch Monat und Jahr des Einmachdatums zu vermerken.

Die Portionen

Wenn fest verschlossenes Eingemachtes wie Kompott, Saft, Marmelade oder Gelee einmal geöffnet und daher mit Sauerstoff in Berührung gekommen ist, sollte es möglichst rasch verbraucht werden; Kompott und Saft sogar am besten am Tag des Öffnens. • Deshalb ist es angebracht, schon beim Einmachen die familiengerechten Portionen zu bedenken. So ist zum Beispiel 1 l Kompott reichlicher Nachtisch für 4 Personen. In jedem Falle ist es zweckmäßiger, gerade auch Marmelade oder Gelee nur in so große Gläser zu füllen, daß der Inhalt möglichst innerhalb einer Woche verbraucht werden kann, Kompott und Saft am Tag des Öffnens. Sonst passiert es, daß ihre Familie den süßen Aufstrich oder das Dessert aus Überdruß ablehnt.

Lagerraum

Schon beim Planen für das Einmachen müssen Sie überlegen, wo Sie die Vorräte lagern können. • Der ideale Raum zum Lagern eingemachter und eingelegter Vorräte ist nicht kälter als 4 Grad und nicht wärmer als 12–15 Grad. Der Raum sollte zwar dunkel und luftig, aber nicht feucht sein, da Einmachgut, nur mit Cellophan verschlossen, doch recht leicht schimmelt. • Fehlt ein entsprechender Vorratsraum, so kann Eingemachtes auch in einem ungeheizten oder selten geheizten Zimmer stehen. Überschreitet die Temperatur allerdings oft oder gar dauernd 12–15 Grad, so verkürzt sich die Lagerdauer erheblich auf etwa 3–5 Monate. • Eingemachtes sollte in den ersten Tagen nach dem Einmachen öfters daraufhin geprüft werden, ob die Gläser dicht verschlossen sind und ob sich an der Oberfläche oder in den Gläsern an den Früchten nichts verändert. Während des zulässigen Lagerjahres sollte man dann hin und wieder seine Vorräte in nicht zu langen Abständen überprüfen.

Die besten Einmach-Methoden

Einkochen in Gläsern

Beim Einkochen in Gläsern wird das Einkochgut erst durch Erhitzen keimfrei und dann durch Luftabschluß haltbar gemacht. In der sterilisierenden Hitze dehnt sich der Inhalt der Gläser aus und drückt die Luft weitgehend aus den Gläsern. Kühlt der Inhalt später ab und zieht sich dabei wieder zusammen, entsteht im Glas ein Vakuum, wodurch der Deckel fest auf das Glas gepreßt wird.

Das Vorbereiten

Das Einkochgut wird sorgfältig gewaschen, geputzt, entstielt und eventuell zerkleinert – wenn nötig zuvor gegart – und in gut gereinigte Gläser gefüllt. • Die Gläser und die Deckel oder die Saftflaschen – nur völlig unbeschädigte verwenden – zuvor heiß mit einem Spülmittel und einer weichen Bürste gründlich reinigen, in klarem heißem Wasser gut spülen und auf ein frisches Küchentuch zum Abtropfen stellen (nicht abtrocknen). • Die einwandfreien elastischen Gummiringe (ohne Brüche und Risse) oder die Gummikappen mit etwas Spülmittel einige Minuten auskochen; bis zum Gebrauch dann in heißes, abgekochtes und klares Wasser legen. • Das Einkochgut mit Hilfe eines Trichters oder eines langstieligen Löffels in die Gläser füllen (siehe Zeichnung auf Seite 10): rohe Früchte bis dicht unter den Glasrand; Flüssigkeit – auch die Auffüllflüssigkeit – bis 2 cm unter den Rand; breiiges Einkochgut bis 4 cm unter den Glasrand; gekochtes Gut bis 2 cm unter den Glasrand. • Heißes Einkochgut nur einfüllen, wenn das Glas auf einem feuchten Tuch steht. • Nach dem Einfüllen die Ränder der Gläser gründlich abwischen, die nassen Gummiringe auf die Ränder legen, die Deckel daraufgeben und diese mit den Federbügeln schließen. • Der Federbügel darf aber nicht zu stramm aufsitzen, denn es muß ja noch Luft aus dem Glas entweichen können. Die Federn der Bügel sollten sich von einem Finger gerade noch bewegen lassen.

Im Spezial-Einkochkessel stehen die Gläser auf dem Gläserhalter. Im gewöhnlichen Einkochtopf müssen die Gläser unbedingt auf einem Drahteinsatz stehen!

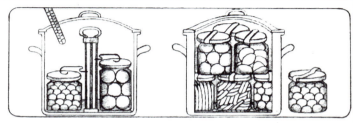

Einkochen im Kessel

Besitzen Sie einen speziellen Einkochkessel, so werden die gefüllten und verschlossenen Gläser auf den Gläserhalter gestellt, je nach Größe auch übereinander. • Wenn Sie in einem großen Topf einkochen, so müssen die untersten Gläser unbedingt auf einen dem Topfboden entsprechend großen Drahteinsatz gestellt werden (siehe obenstehende Zeichnungen). • Die Gläser nunmehr im Kessel mit so viel Wasser umgießen, daß die obere Reihe drei Viertel damit umgeben ist (die untere Reihe darf unter Wasser stehen). • Die Temperatur des Wassers richtet sich nach dem Einkochgut: Wurde dieses heiß eingefüllt, gießt man heißes Wasser um die Gläser, bei kaltem Einkochgut kaltes. • Der gefüllte Kessel kommt auf den Herd: 1/1 hohe Gasflamme, Elektroplatte Stufe 3, Automatikplatte Stufe 8.

Temperaturen

Wenn das Wasser im Kessel zu kochen beginnt, hat es eine Temperatur von 100 Grad erreicht; diese sollte dem jeweiligen Einkochgut entsprechend für eine bestimmte Zeit auch erhalten bleiben. Trotzdem darf die Hitzezufuhr etwas gedrosselt werden, da sich die erreichten 100 Grad auch halten, wenn Sie die Gasflamme etwa $1/2$ hoch oder die Elektroplatte auf Stufe $1 1/2$ schalten; lediglich die Automatikplatte bleibt in der bisherigen Stellung, weil sie automatisch für eine konstante Energiezufuhr sorgt. • Haben Sie einen Kessel mit Einkochthermometer, so brauchen Sie das Gut gar nicht auf 100 Grad zu erhitzen. Je nach Fruchtsorte genügen 75–98 Grad, allerdings verlängert sich die Einkochzeit dabei um einige Minuten. Wird mit Thermometer gearbeitet, schaltet man die Hitze schon zurück, wenn die Quecksilbersäule etwa 4 Striche unterhalb der zu erreichenden Grade steht.

Einkochen im Backofen

Die gefüllten und verschlossenen Gläser werden entweder in die 1 cm hoch mit warmem Wasser gefüllte Bratenpfanne des Backofens gestellt oder mit 1 Tasse Wasser auf den Rost des Backofens und in beiden Fällen auf den Boden des auf 175 Grad vorgeheizten Herdes geschoben (siehe Zeichnung). Wichtig ist folgendes: Die Gläser dürfen sich nicht und nicht die Wände des Backofens berühren. • Zur Schonung der Gummiringe legt man ein feuchtes Tuch über die Gläser. • Die Gläser müssen alle gleichgroß und mit dem gleichen Inhalt gefüllt sein. • Die Backofentür und der eventuell vorhandene Frasenabzug sollen gut verschlossen bleiben. • Beim Erhitzen steigen im Glas kleine Luftbläschen auf, es dauert je nach Größe und Anzahl der Gläser etwa 40–45 Minuten, bis das sogenannte Perlen beginnt. • Von diesem Perlen an wird dann die eigentliche Einkochzeit berechnet. Beispielsweise bleibt Spargel nach dem Perlen noch 90 Minuten bei 150 Grad im Backofen und anschließend noch 30 Minuten im abgeschalteten Herd, während Obst vom Perlen an nur noch 25–30 Minuten im abgeschalteten Herd verbleibt. • Zu jedem Herd wird eine Gebrauchsanweisung geliefert, die für die verschiedenen Herdtypen erprobte Einkochzeiten angibt.

Das Einkochgut möglichst mit einem Trichter oder langstieligen Löffel einfüllen (links).
Die Gläser auf den Rost des Backofens mit einer Tasse Wasser stellen (rechts).

Nach dem Einkochen Wurden die Gläser bei vorgeschriebenen Temperaturen oder bei 100 Grad beziehungsweise 175 Grad eine gewisse Zeit lang sterilisiert, nimmt man sie sofort aus dem Kessel oder dem Backofen und läßt sie auf einem feuchtwarmen Tuch abkühlen. • Ist Luftzug während des Abkühlens nicht zu vermeiden, bedeckt man die Gläser zusätzlich noch mit einem Tuch. • Die Federbügel bleiben unbedingt bis zum völligen Erkalten auf den Gläsern. • Die erkalteten Gläser mit Etiketten versehen und in den Vorratsraum bringen.

Marmelade kochen

Das Prinzip Gereinigte Früchte werden zerkleinert und unter Zugabe von Zucker so lange gekocht, bis die Flüssigkeit weitgehend verdampft ist und die Masse zu gelieren – fest zu werden – beginnt. Der Zucker hat dabei eine konservierende, die Hitze eine sterilisierende Wirkung.

Marmelade, Konfitüre Beide Erzeugnisse werden grundsätzlich nach dem gleichen Prinzip hergestellt; Marmelade allerdings aus stark zerkleinerten, oft zermusten Früchten aus 1–4 Sorten, Konfitüre dagegen aus nur einer oder zwei Obstsorten, zur Hälfte aus Fruchtmus, zur Hälfte aus möglichst ganzen Früchten oder sichtbaren Fruchtstücken.

Gelee Auch Gelee gehört nach dem Prinzip in die große Rubrik Marmelade-Einkochen, nur ist statt der Früchte hier Fruchtsaft Ausgangsprodukt.

Das Obst Während für Marmelade und Gelee Fallobst oder sonst beschädigtes Obst verwendet werden kann, sollten die Früchte beim Herstellen von Konfitüre möglichst unbeschädigt sein. In jedem Fall aber spendet wirklich nur reifes Obst genügend Aromastoffe. • Selbstverständlich müssen jedoch von allen Früchten überreife schlechte Stellen, Wurmlöcher, harte Schalen, Kerne und Steine entfernt werden. • Beim Kaufen des Obstes sollte der zu erwartende Abfall gleich mitberechnet werden, da ein gewisses Verhältnis von Zucker zu Obst gewährleistet sein muß. Zucker ist ja nicht nur süße Würze, sondern wirkt zugleich konservierend und gelierend.

Der Zucker

Das Zucker-Frucht-Gemisch soll unter ständigem Rühren – in nicht zu großen Mengen – in einem möglichst flachen breiten Topf verdampfen und gelieren. Wichtig ist hauptsächlich, daß der Zucker die Fruchtmasse gründlich durchdringen kann. Deshalb ist es nötig, die Früchte möglichst zu zerstampfen, im Mixer zu zerkleinern oder harte Früchte im Fleischwolf oder im Schnitzelwerk zu verarbeiten. Für Konfitüre wird nur ein kleinerer Teil der Früchte ganz gelassen oder in sichtbare Stücke geschnitten, der größere Teil soll auch für Konfitüre weitgehend zerkleinert werden. • Für Diätzwecke, zum Beispiel für Diabetiker, darf auch bei der Herstellung von Marmelade kein Zucker verwendet werden. Hier bietet die Industrie Zuckeraustauschstoffe an, die zusammen mit einem Geliermittel Marmelade oder Gelee von gewohnter Konsistenz ergeben.

Geliermittel

Das Kochen der Marmelade oder der Konfitüre bis zum Gelieren, also dem dicklich Werden, dauert je nach Menge mehrere Stunden. Einfacher und schneller geht es mit einer Gelierhilfe, die die Kochzeit auf Minuten verkürzt. • Entweder verwendet man Gelierzucker oder ein eigenes Geliermittel, das aus pflanzlichem Pektin gewonnen wird. Pektin ist ohnehin im Obst vorhanden und bewirkt zusammen mit dem Zucker das Gelieren, aber ohne Zusatz eben erst nach langer Kochzeit. • Durch Geliermittel kann Marmelade heute bei kürzesten Kochzeiten hergestellt werden; so bleiben Vitamine, andere Wertstoffe, Aroma und Farbe der Früchte weitgehend erhalten.

Fruchtsäure	Fruchtsäure ist ebenso nötig für das Gelieren von Marmelade wie Pektin. Nicht alle Früchte enthalten aber von Natur aus genügend Fruchtsäure, so zum Beispiel die als ohnehin sehr süß bekannten Fruchtsorten. Diesen Früchten wird dann beim Marmelade-Kochen Zitronensäure zugefügt. • Kristallierte Zitronensäure gibt es zu kaufen; sie kann wie Zitronensaft in der Küche verwendet werden. Handelsübliche Geliermittel oder Gelierzucker haben aber bereits einen Zusatz von Zitronensäure oder diese ist – als Citropekt bezeichnet – der Packung beigegeben.
Das Abfüllen	Fertige Marmeladen, Konfitüren oder Gelees werden sofort noch ganz heiß in Gläser gefüllt. • Die Gläser sollten nicht zu groß sein, da die Haltbarkeit in kleineren Gläsern sicherer ist. Das ideale Marmeladeglas faßt etwa 450 Gramm. • Die Gläser vor dem Gebrauch heiß mit einem Spülmittel waschen, in klarem, sehr heißem Wasser nachspülen, abtropfen lassen und auf ein feuchtes Tuch stellen. • In jedes Glas zunächst 1–2 Eßlöffel der heißen Marmelade geben, diese etwas schwenken und das Glas dann vollständig füllen. • Die Gläser nach dem Füllen sofort mit Einmach-Cellophan verschließen, das zuvor entsprechend dem Durchmesser der Glasränder etwas größer zugeschnitten und angefeuchtet wurde. Das Cellophan mit einem Gummiring befestigen oder mit Küchengarn um den Rand des Glases festbinden. • Statt des Einmach-Cellophans können auch Schraubdeckel verwendet werden, wenn die Marmelade in die dazugehörigen Industriegläser gefüllt wurde. In diesem Fall stellt man die Gläser gefüllt 5 Minuten auf den Deckel, wodurch sich der Deckel von innen her fest ansaugen kann. • Nach dem völligen Erkalten werden die Gläser beschriftet.

Das Prinzip

Saft einmachen

Saft läßt sich aus Obst oder Gemüse gewinnen. Entweder kann Saft roh gepreßt und durch Zucker konserviert werden; man gewinnt Saft aber auch durch Dampfentsaften oder durch das Kochen der Früchte.

Das Abfüllen

Der heiß gewonnene Saft wird in gut heiß ausgespülte Flaschen, der roh gewonnene Saft in kalte Flaschen gefüllt und die Flaschen werden sofort mit ausgekochten Gummikappen verschlossen. • Beim Abfüllen von heißem Saft die heißgespülten Flaschen vorsichtshalber auf ein doppelt gefaltetes, feuchtheißes Tuch stellen, damit die Flaschen nicht springen. • Den Saft in den Flaschen erkalten lassen und die Flaschen erst dann beschriften.

Zur Saftgewinnung das Mus in ein Mulltuch geben und eine Schüssel unter das Tuch stellen (links). Durch den Schlauch vom Saftbehälter die Flasche füllen und jedesmal zuklammern, wenn die Flasche voll ist (rechts).

Das Prinzip

Eingelegte Früchte

Früchte – Obst und bestimmte Gemüsearten – können durch Einlegen in einen süßsauren oder sauren Aufguß, aber auch durch Alkohol und Zucker haltbar gemacht werden.

Die Gefäße

Zum Einlegen von Früchten benötigen Sie wegen der Rentabilität möglichst große Gefäße aus Steingut, Porzellan oder Glas. Der Einlegetopf wird mit angefeuchtetem Einmach-Cellophan überzogen und mit Küchengarn zugebunden.

Die Rezepte

Selber Einmachen macht Spaß, die süßen Vorräte stärken das Selbstbewußtsein der Hausfrau und Eingemachtes bringt Abwechslung in den Speiseplan! Dabei ist Einkochen, Saft oder Marmelade Bereiten keine Konkurrenz zur Gefriertruhe; denn der Platz in ihr ist wertvoll und den Vorräten vorbehalten, die sich neuesten Erkenntnissen zufolge nach althergebrachter Art nicht gleichwertig konservieren lassen. Ich habe deshalb den süßen eingemachten Vorräten den Vorzug gegeben, da Fleisch und Gemüse in der Kälte des Gefriergerätes weit nährstoffreicher überdauern als im Einkochglas! Schließlich ist der Zucker neben der Hitze eine wesentliche Hilfe beim Einmachen. Wo Zucker aus geschmacklichen Gründen nicht verwendbar ist, ergeben sich kürzere, empfehlenswerte Lagerzeiten und somit Vorteile für das Einfrieren. Ausnahme sind selbsteingemachte Gemüsesäfte ohne Zucker. Diese sind zwar wertvoll für die Ernährung, würden aber zuviel Platz in der Gefriertruhe einnehmen. Doch sollten die kostbaren Säfte in der Flasche nicht länger als 4 Monate lagern, zumal es ganzjährig Gemüsesorten gibt, die sich zum Entsaften eignen.

Apfelkompott

Essigkirschen (Rezept Seite ▷ 61) zu Wild sind so fein wie Kompott aus geschältem Steinobst (z. B. Pfirsichkompott, Rezept Seite 21).

Zutaten:
2½ kg Äpfel
¼ Teel. Salz
Saft von 1 Zitrone
300 g Zucker
1 l Wasser
1 Stück Zitronenschale

Einkochzeit:
20 Minuten/100°
30 Minuten/80°

Die Geräte:
Großer Kochtopf, Sieb, Einmachgläser mit Deckeln, Bügeln und Gummiringen, Einkochkessel.

So wird's gemacht:
Die Äpfel schälen, in Viertel schneiden und die Kerngehäuse entfernen. • Etwa 1½ l Wasser mit dem Salz und dem Zitronensaft mischen und die vorbereiteten Apfelviertel hineinlegen, damit sie sich nicht verfärben. • Den Zucker mit dem Wasser verrühren und unter Rühren 2 Minuten kochen lassen. • So viel Wasser mit der Zitronenschale im Kochtopf zum Kochen bringen, daß man das Sieb mit Apfelvierteln gefüllt ins kochende Wasser halten kann, ohne daß dieses übersprudelt. • Die Apfelviertel portionsweise nacheinander ins kochende Wasser halten und 1 Minute blanchieren (kochen lassen). • Die blanchierten Apfelviertel kurz in kaltes Wasser tauchen, abtropfen lassen und anschließend fest in die Einmachgläser füllen. Den heißen Zuckersirup über die Äpfel gießen (bis etwa 2 cm unter den Rand). Die Ränder der Gläser sorgfältig abwischen, die Gummiringe und die Deckel auflegen und die Deckel mit den Bügeln verschließen. • Die Gläser in den Einkochtopf stellen, so viel warmes Wasser in den Topf füllen, daß die Gläser ¾ vom Wasser umgeben sind. Den Topf zudecken, das Wasser zum Kochen bringen und 20 Minuten bei 100° oder 30 Minuten bei 80° kochen lassen. Oder bei 175° im Backofen zum Perlen bringen und danach 30 Minuten im abgeschalteten Herd lassen. • Nach erfolgter Einkochdauer die Gläser auf ein doppelt gefaltetes, heißfeuchtes Tuch stellen und ohne Luftzug erkalten lassen. • Von den kalten Gläsern die Bügel abnehmen und die Gläser beschriften.

So schmeckt's am besten:
Wenn Sie in jedes Glas vom Apfelkompott ein Stückchen Zimtrinde geben, verfeinert dies den Geschmack besonders.

Mein Tip:
Harte Apfelsorten sollten Sie 5 Minuten länger einkochen!

◁ Mirabellenkompott (Rezept
Seite 21),
Birnenkompott (Rezept
Seite 20),
Kirschkompott (Rezept
Seite 23)

Apfelmus

Zutaten:
2¹/₂ kg Äpfel
2 Eßl. Essig
2 l Wasser
2 Tassen Wasser
350 g Zucker
1 Zitrone

Einkochzeit:
25 Minuten/100°
30 Minuten/90°

Die Geräte:
Großer Kochtopf, Passier-
sieb, Einmachgläser mit
Deckeln, Bügeln und
Gummiringen, Einkoch-
kessel.

Mein Tip:
Das Herausschneiden
der Kerngehäuse kön-
nen Sie sich sparen,
wenn diese nicht wur-
mig oder schlecht sind;
wenn Sie die Äpfel
aber schälen, vom
Kerngehäuse befreien
und in Scheiben
schneiden, so können
Sie diese zu Mus
kochen lassen und
brauchen sie nicht
eigens durch ein Sieb
zu passieren.

So wird's gemacht:
Die Äpfel gründlich waschen, in Viertel schneiden und die
Kerngehäuse entfernen. • Den Essig mit dem Wasser
mischen und die Apfelviertel sofort nach dem Zerschnei-
den in das Essigwasser legen. • Die 2 Tassen Wasser mit
dem Zucker verrühren und unter Rühren zum Kochen
bringen. • Die Zitrone auspressen und die Zitronenschale
dünn abreiben. Den Zitronensaft und die Zitronenschale
in den Zuckersirup geben. • Die Apfelviertel abtropfen
lassen, in den Zuckersirup mischen und unter ständigem
Umrühren weichkochen lassen. • Die Apfelviertel mit dem
Zuckersirup durch das Sieb passieren und die Einmachgläser mit dem Apfelmus ³/₄ voll füllen. • Die Ränder der
Gläser sorgfältig abwischen, die Gummiringe und die
Deckel auflegen und die Deckel mit den Bügeln verschließen. • Die Gläser in den Einkochkessel stellen, so viel warmes Wasser in den Topf füllen, daß die Gläser ³/₄ vom
Wasser umgeben sind. Den Topf schließen, das Wasser
zum Kochen bringen und die Gläser 25 Minuten bei 100°
oder 30 Minuten bei 90° kochen lassen. Oder bei 175° im
Backofen zum Perlen bringen und danach noch 25 Minuten im abgeschalteten Herd lassen. • Nach erfolgter Einkochdauer die Gläser auf ein doppelt gefaltetes, heißfeuchtes Tuch stellen und ohne Luftzug erkalten lassen. •
Von den völlig erkalteten Gläsern die Bügel abnehmen
und die Gläser beschriften.

So schmeckt's am besten:
Wenn Sie unter das Apfelmus steifgeschlagenen Eischnee
heben, erhalten Sie Apfelschnee, der mit 1 Löffel Preiselbeerkonfitüre angerichtet ein herrliches Dessert ergibt.

Birnenkompott

Bild Seite 18

Zutaten:
3 1/2 kg vollreife Birnen
2 1/2 l Wasser
3 Eßl. Essig
1 l Wasser
350 g Gelierzucker
1 Stange Zimt

Einkochzeit:
20 Minuten/100°
30 Minuten/90°

Die Geräte:
Große Schüssel, Kochtopf, Einmachgläser mit Deckeln, Bügeln und Gummiringen, Einkochkessel.

Mein Tip:
Harte Birnensorten 15 Minuten länger einkochen; unreife Birnen schmecken aber auch bei längerer Einkochdauer fad, da sie noch nicht genügend Aroma entwickeln konnten.

So wird's gemacht:
Die Birnen waschen und von Blüten und Stielen befreien. • Dünnschalige Birnen nach Belieben ungeschält verwenden. Dickschalige Birnen schälen, die Birnen in jedem Fall halbieren oder vierteln und die Kerngehäuse herausschneiden. • Das Wasser mit Essig mischen und die fertig vorbereiteten Birnenhälften oder -viertel in das Essigwasser legen. • Das Wasser mit dem Gelierzucker verrühren und unter Rühren einmal aufkochen lassen. • Die Birnen fest in die Einmachgläser schichten, in jedes Glas ein Stück Zimt geben und mit der heißen Zuckerlösung übergießen. • Die Ränder der Gläser sorgfältig abwischen, die Gummiringe und die Deckel auflegen und die Deckel mit den Bügeln verschließen. • Die Gläser in den Einkochkessel stellen, so viel warmes Wasser in den Topf füllen, daß die Gläser 3/4 vom Wasser umgeben sind. Den Topf schließen, das Wasser zum Kochen bringen und die Gläser 20 Minuten bei 100° oder 30 Minuten bei 90° kochen lassen oder im Backofen wie Apfelmus sterilisieren. • Nach erfolgter Einkochdauer die Gläser auf ein doppelt gefaltetes, heißfeuchtes Tuch stellen und ohne Luftzug erkalten lassen. • Von den völlig erkalteten Gläsern die Bügel abnehmen und die Gläser beschriften.

So schmeckt's am besten:
Wenn Sie Birnenhälften einkochen, so können Sie diese – herzhaft gefüllt mit Käsecreme, Shrimpscocktail oder Geflügelsalat – auch als Vorspeise servieren. Birnenhälften mit Preiselbeerkonfitüre gefüllt schmecken ausgezeichnet zu Wildbraten.

Variante:
Quittenkompott: Die Quitten abreiben, waschen, schälen, entkernen und die Schalen auskochen. Aus dem gesiebten Sud den Sirup herstellen und die Quittenstücke 10 Minuten darin vorkochen. Die Quitten wie Birnen einkochen.

Pfirsichkompott

Bild Seite 17

Zutaten:
3 kg feste Pfirsiche
1 l Wasser
400 g Gelierzucker

Einkochzeit:
16 Minuten/100°
30 Minuten/75°

Die Geräte:
Großer Kochtopf, Einmachgläser mit Deckeln, Bügeln und Gummiringen, Einkochkessel.

Mein Tip:
Pfirsiche, die sich schlecht vom Stein lösen, im ganzen einkochen oder in Spalten vom Stein schneiden.

So wird's gemacht:
Die Haut der Pfirsiche mit einer Gabel mehrmals einstechen und die Pfirsiche in kochendheißes Wasser legen. Die Pfirsiche aus dem Wasser nehmen, in kaltes Wasser tauchen und die Haut abziehen. • Die Pfirsiche halbieren oder vierteln, die Kerne entfernen und die Früchte fest in die Einmachgläser schichten. • Je Glas 2 Pfirsichkerne zerschlagen und die Kerne zu den Pfirsichen geben. • Das Wasser mit dem Zucker verrühren und unter Rühren zum Kochen bringen. Den Zuckersirup heiß über die Pfirsiche gießen. • Die Ränder der Gläser sorgfältig abwischen, die Gummiringe und die Deckel auflegen und mit den Bügeln verschließen. • Die Gläser in den Einkochkessel stellen, so viel warmes Wasser in den Topf füllen, daß die Gläser $3/4$ vom Wasser umgeben sind. Den Topf schließen, das Wasser zum Kochen bringen und die Gläser 16 Minuten bei 100° oder 30 Minuten bei 75° kochen lassen. Oder im Backofen wie Apfelmus sterilisieren. • Nach erfolgter Einkochdauer die Gläser auf ein doppelt gefaltetes, heißfeuchtes Tuch stellen und ohne Luftzug erkalten lassen. • Von den völlig erkalteten Gläsern die Bügel abnehmen und die Gläser beschriften.

So schmeckt's am besten:
Mit Pfirsichhälften können Sie das beliebte Eisdessert »Pfirsich Melba« herstellen. Pfirsichhälften, mit Preiselbeerkonfitüre gefüllt, sind klassische Beilage zu Wild.

Varianten:
Aprikosenkompott: Nach dem Rezept für Pfirsichkompott können Sie auch reife Aprikosen einkochen.

Mirabellenkompott: Ebenfalls nach dem Rezept für Pfirsichkompott lassen sich Mirabellen einkochen, die man allerdings am besten mit dem Kern verarbeitet, da die Früchte entsteint zu leicht zerfallen (Bild Seite 18).

Heidelbeerkompott

Zutaten:
2 kg Heidelbeeren
400 g Zucker
1/2 l Wasser

Einkochzeit:
16 Minuten/100°
30 Minuten/80°

Die Geräte:
Einmachgläser mit Deckeln, Bügeln und Gummiringen, Einkochkessel.

Mein Tip:
Das ziemlich dick eingekochte Kompott kann mit etwas Zuckerwasser, Fruchtsaft oder auch wenig Süßwein verdünnt werden!

So wird's gemacht:
Die Stiele von den Beeren zupfen, die Beeren unter fließendem kaltem Wasser abbrausen und die Beeren – eventuell in kleinen Portionen – in ein Sieb schütten. • In einem für das Sieb genügend großen Topf so viel Wasser zum Kochen bringen, daß die Beeren mit Wasser bedeckt sind, das Wasser aber nicht übersprudelt. • Die Beeren im Sieb in das kochende Wasser tauchen und 1 Minute blanchieren; sobald das Wasser nach dem Eintauchen der Beeren wieder kocht, exakt 1 Minute im Wasser lassen. • Eine große Schüssel mit Eiswasser (Eiswürfel in das Wasser geben) bereitstellen und die blanchierten Beeren im Sieb in das kalte Wasser halten, abtropfen lassen und in eine Schüssel geben. • Die Beeren bis 1 cm unter den Rand der Einmachgläser nicht zu locker einfüllen. • Den Zucker mit dem Wasser verrühren und unter ständigem Rühren 2 Minuten kochen lassen. • Den noch heißen Zuckersirup bis 2 cm unter dem Rand der Gläser über die Beeren füllen. • Die Ränder der Gläser sorgfältig abwischen, die Gummiringe auflegen und die Deckel mit den Bügeln verschließen. • Die Gläser in den Einkochtopf stellen, so viel warmes Wasser in den Topf füllen, daß die Gläser 3/4 vom Wasser umgeben sind. Den Topf zudecken, das Wasser zum Kochen bringen und 16 Minuten bei 100° oder 30 Minuten bei 80° kochen lassen. Oder im Backofen wie Apfelmus sterilisieren. • Nach erfolgter Einkochdauer die Gläser auf ein doppelt gefaltetes, heißfeuchtes Tuch stellen und ohne Luftzug erkalten lassen. • Von den kalten Gläsern die Bügel abnehmen und die Gläser beschriften.

So schmeckt's am besten:
Die Heidelbeeren mit frischer Milch übergießen und mit Butterbrot essen. • Quark- oder Joghurtspeisen mit den Heidelbeeren bereiten.

Kirschkompott

Bild Seite 18

Zutaten:
1 1/2 kg süße Kirschen
1 l Wasser
600 g Gelierzucker

Einkochzeit:
16 Minuten/100°
30 Minuten/80°

Die Geräte:
Einmachgläser mit Deckeln, Bügeln und Gummiringen, Einkochkessel.

So wird's gemacht:
Die Kirschen sorgfältig waschen und von den Stielen zupfen. • Die Kirschen entsteinen und in die Einmachgläser füllen. • Das Wasser mit dem Zucker verrühren, unter Rühren zum Kochen bringen und heiß über die Kirschen gießen. • Die Ränder der Gläser sorgfältig abwischen, die Gummiringe und die Deckel auflegen und die Deckel mit den Bügeln verschließen. • Die Gläser in den Einkochkessel stellen, so viel kaltes Wasser in den Kessel füllen, daß die Gläser 3/4 vom Wasser umgeben sind. Den Kessel schließen, das Wasser zum Kochen bringen und die Gläser 16 Minuten bei 100° oder 30 Minuten bei 80° kochen lassen. Oder im Backofen bei 175° zum Perlen bringen und danach noch 30 Minuten im abgeschalteten Herd lassen. • Nach erfolgter Einkochdauer die Gläser auf ein doppelt gefaltetes, heißfeuchtes Tuch stellen und ohne Luftzug erkalten lassen. • Von den völlig erkalteten Gläsern die Bügel abnehmen und die Gläser beschriften.

So schmeckt's am besten:
Entsteinte, abgetropfte Kirschen können gut für eine Schwarzwälder Kirschtorte verwendet werden; als Kompott schmecken die Kirschen besonders gut zu Reis- oder Grießpudding.

Variante:
Sauerkirschkompott: Kompott aus Sauerkirschen wird ebenso wie das Kompott aus süßen Kirschen bereitet, den Sirup stellt man jedoch aus 800 g Zucker her.

Mein Tip:
Saftige vollfleischige, dunkle Kirschen ziehen viel Saft und können deshalb ohne Sirup und nur mit Zucker bestreut (250 g je 1 l-Glas) eingekocht werden.

Erdbeerkompott

Zutaten:
2 kg Erdbeeren
1/2 l Wasser
750 g Zucker

Einkochzeit:
16 Minuten/100°
20 Minuten/75°

Die Geräte:
Kochtopf, Einmachgläser mit Deckeln, Bügeln und Gummiringen, Einkochkessel.

So wird's gemacht:
Die Erdbeeren sorgfältig waschen und abtropfen lassen. • Die Erdbeeren von den Blattansätzen befreien und möglichst fest in die Einmachgläser füllen. • Das Wasser mit dem Zucker verrühren, unter Rühren einmal aufkochen lassen und noch heiß über die Erdbeeren gießen. • Die Ränder der Gläser sorgfältig abwischen, die Gummiringe und die Deckel auflegen und die Deckel mit den Bügeln verschließen. • Die Gläser in den Einkochkessel stellen, so viel kaltes Wasser in den Kessel füllen, daß die Gläser 3/4 vom Wasser umgeben sind. Den Kessel schließen, das Wasser zum Kochen bringen und die Gläser 16 Minuten bei 100° oder 20 Minuten bei 75° einkochen lassen. Oder im Backofen bei 175° zum Perlen bringen und danach noch 25 Minuten im abgeschalteten Herd lassen. • Nach erfolgter Einkochdauer die Gläser auf ein doppelt gefaltetes, heißfeuchtes Tuch stellen und ohne Luftzug erkalten lassen. • Von den völlig erkalteten Gläsern die Bügel abnehmen und die Gläser beschriften.

So schmeckt's am besten:
Erdbeerkompott ist ideal als Ergänzung zu Pudding, Quarkspeise oder Vanilleeiscreme; wenn Sie die Erdbeeren abtropfen lassen und als Obstkuchenbelag verwenden, so bereiten Sie aus dem Saft mit etwas herbem Weißwein einen Tortenguß und überziehen damit den Kuchen.

Variante:
Himbeerkompott: Nach dem Rezept für Erdbeerkompott kann Himbeerkompott hergestellt und eingekocht werden.

Mein Tip:
Wenn Sie in jedes Glas vor dem Zuckersirup 1/2 Tasse dunklen Kirschsaft gießen, bleiben die Erdbeeren schön rot.

Johannisbeerkompott

Zutaten:
2½ kg rote Johannisbeeren
1 kg Zucker

Einkochzeit:
20 Minuten/100°
25 Minuten/90°

Die Geräte:
Einmachgläser mit Deckeln, Bügeln und Gummiringen, Einkochkessel.

So wird's gemacht:
Die Johannisbeeren gründlich waschen und abtropfen lassen. • Die Beeren mit einer Gabel oder mit den Händen von den Trauben zupfen. • Die Beeren abwechselnd mit dem Zucker in die Einmachgläser füllen. • Die Ränder der Gläser sorgfältig abwischen, die Gummiringe und die Deckel auflegen und die Deckel mit den Bügeln schließen. • Die Gläser in den Einkochkessel stellen und so viel kaltes Wasser in den Topf füllen, daß die Gläser ¾ vom Wasser umgeben sind. Den Kessel schließen, das Wasser zum Kochen bringen und die Gläser 20 Minuten bei 100° oder 25 Minuten bei 90° einkochen. Oder wie Erdbeerkompott im Backofen sterilisieren. • Nach erfolgter Einkochdauer die Gläser auf ein doppelt gefaltetes, heißfeuchtes Tuch stellen und ohne Luftzug erkalten lassen. • Von den völlig erkalteten Gläsern die Bügel abnehmen und die Gläser beschriften.

So schmeckt's am besten:
Johannisbeerkompott schmeckt ausgezeichnet mit gesüßtem Quark gemischt oder mit ungeschlagener Sahne übergossen.

Varianten:
Kompott aus schwarzen Johannisbeeren: Kompott aus schwarzen Johannisbeeren kann nach dem obenstehenden Rezept bereitet werden.

Brombeerkompott: Auch Brombeerkompott kann nach dem gleichen Rezept bereitet werden; die Einkochdauer ist jedoch bei 100° 18 Minuten oder bei 75° 30 Minuten.

Rhabarberkompott: 1 kg geschälte Rhabarberstückchen mit 500 g Zucker mischen, in die Gläser füllen, 2 Stunden Saft ziehen lassen und bei 80° 30 Minuten, bei 100° 20 Minuten einkochen.

Mein Tip:
Johannisbeeren ohne Zucker für Kuchenbelag können Sie so einkochen: Die gefüllten Gläser auf 100° erhitzen, den Kessel vom Herd ziehen und die Gläser noch 25 Minuten im heißen Wasser stehen lassen.

Preiselbeerkompott

Der Fruchtcocktail (Rezept Seite 31) läßt sich für die verschiedensten Desserts und Salate verwenden.

Zutaten:
2½ kg Preiselbeeren
1 l Wasser
900 g Zucker

Einkochzeit:
20 Minuten/100°
30 Minuten/90°

Die Geräte:
Großer Kochtopf, Einmachgläser mit Deckeln, Bügeln und Gummiringen, Einkochkessel.

Mein Tip:
Soll das Kompott sehr dickflüssig sein, so geben Sie pro kg Beeren beim Einfüllen in die Gläser noch 500 g Zucker dazu und gießen darüber in jedes Glas nur ⅛ l Wasser.

So wird's gemacht:

Die Preiselbeeren mehrmals in kaltem Wasser waschen und abtropfen lassen. • Die Beeren sorgfältig verlesen, unreife oder schlechte Beeren entfernen und alle Beeren von den Stielen befreien. • Das Wasser mit dem Zucker verrühren, unter Rühren zum Kochen bringen und die Beeren in den kochenden Sirup schütten. • Die Beeren unter öfterem Umrühren bei milder Hitze 10 Minuten im Sirup kochen und dann abkühlen lassen. • Die abgekühlten Beeren mit dem Sirup in die Gläser füllen. • Die Ränder der Gläser sorgfältig abwischen, die Gummiringe und die Deckel auflegen und die Deckel mit den Bügeln verschließen. • Die Gläser in den Einkochkessel stellen, so viel kaltes Wasser in den Kessel füllen, daß die Gläser ¾ vom Wasser umgeben sind. Den Kessel schließen, das Wasser zum Kochen bringen und 20 Minuten bei 100° oder 30 Minuten bei 90° kochen lassen. Oder im Backofen bei 175° zum Perlen bringen und danach noch 35 Minuten im abgeschalteten Herd lassen. • Nach erfolgter Einkochdauer die Gläser auf ein doppelt gefaltetes, heißfeuchtes Tuch stellen und ohne Luftzug erkalten lassen. • Von den völlig erkalteten Gläsern die Bügel abnehmen und die Gläser beschriften.

So schmeckt's am besten:

Preiselbeerkompott in möglichst fester Form ist klassische Beigabe zu Kartoffelpuffern, zu Wildgerichten und Rinderrouladen; Preiselbeerkompott wirkt außerdem geschmackgebend an Rotkohl und an Fruchtdesserts.

◁ Orangenmarmelade (Rezept Seite 40), ob mit oder ohne »Geist« bereitet, krönt jedes Frühstück!

Pflaumenkompott

Zutaten:
3 kg Pflaumen
1 l Wasser
600 g Zucker

Einkochzeit:
20 Minuten/100°
30 Minuten/75°

Die Geräte:
Kochtopf, Einmachgläser mit Deckeln, Bügeln und Gummiringen, Einkochkessel.

Mein Tip:
Sollen die Pflaumen später als Kuchenbelag verwendet werden, so schichtet man die entsteinten Früchte in die Gläser und streut je Glas 100 g Zucker zwischen die Pflaumen. Die Gläser dann besonders langsam auf die vorgesehene Temperatur erhitzen.

So wird's gemacht:
Die Pflaumen sorgfältig mit kaltem Wasser waschen, abtropfen lassen und eventuell noch anhaftende Stiele entfernen. • Die Pflaumen fest in die Einmachgläser füllen. • Das Wasser mit dem Zucker verrühren, unter Rühren zum Kochen bringen und heiß über die Pflaumen füllen. • Die Ränder der Gläser sorgfältig abwischen, die Gummiringe und die Deckel auflegen und die Deckel mit den Bügeln verschließen. • Die Gläser in den Einkochkessel stellen und so viel kaltes Wasser in den Kessel füllen, daß die Gläser $3/4$ vom Wasser umgeben sind. Den Topf schließen, das Wasser zum Kochen bringen und die Gläser 20 Minuten bei 100° oder 30 Minuten bei 75° kochen lassen. Oder im Backofen bei 175° zum Perlen bringen und danach noch 30 Minuten im abgeschalteten Herd lassen. • Nach erfolgter Einkochdauer die Gläser auf ein doppelt gefaltetes, heißfeuchtes Tuch stellen und ohne Luftzug erkalten lassen. • Von den völlig erkalteten Gläsern die Bügel abnehmen und die Gläser beschriften.

So schmeckt's am besten:
Besonders fein wird Pflaumenkompott aus geschälten Pflaumen! Die Pflaumen hierfür 2 Minuten in kochendem Wasser blanchieren, danach in sehr kaltes Wasser tauchen und die geplatzte Haut abziehen. Die geschälten Pflaumen mit heißem Sirup übergießen und 16 Minuten bei 100° oder 20 Minuten bei 80° einkochen.

Variante:
Reineclaudenkompott: Kompott aus Reineclauden wird wie im Rezept für Pflaumenkompott beschrieben hergestellt, jedoch nur mit 350 g Zucker auf 1 l Wasser.

Stachelbeerkompott

Zutaten:
Knapp 2 1/2 kg Stachelbeeren
1 l Wasser
600 g Zucker
2 Päckchen Vanillinzucker

Einkochzeit:
20 Minuten/100°
30 Minuten/75°

Die Geräte:
Kochtopf, Einmachgläser mit Deckeln, Bügeln und Gummiringen, Einkochkessel.

Mein Tip:
Unreife Stachelbeeren mit kochendheißem Zuckerwasser übergießen und einige Minuten darin ziehen lassen, danach abtropfen und wie die reifen Beeren einkochen.
• Stachelbeeren für Kuchenbelag ohne Flüssigkeit nur mit Streuzucker gemischt einkochen.

So wird's gemacht:
Die Stachelbeeren mehrmals kalt waschen und abtropfen lassen. • Die Beeren von Stielen und Blütenansätzen befreien und jede Beere mit einem Zahnstocher einige Male einstechen. • Die Beeren fest in die Einmachgläser füllen. • Das Wasser, den Zucker und den Vanillinzucker verrühren, zum Kochen bringen und heiß über die Beeren gießen. • Die Ränder der Gläser sorgfältig abwischen, die Gummiringe und die Deckel auflegen und die Deckel mit den Bügeln verschließen. • Die Gläser in den Einkochkessel stellen und so viel kaltes Wasser in den Kessel füllen, daß die Gläser 3/4 vom Wasser umgeben sind. Den Topf schließen, das Wasser zum Kochen bringen und die Gläser 20 Minuten bei 100° oder 30 Minuten bei 75° kochen lassen. Oder bei 175° im Backofen zum Perlen bringen und danach noch 30 Minuten im abgeschalteten Herd lassen. • Nach erfolgter Einkochdauer die Gläser auf ein doppelt gefaltetes, heißfeuchtes Tuch stellen und ohne Luftzug erkalten lassen. • Von den völlig erkalteten Gläsern die Bügel abnehmen und die Gläser beschriften.

So schmeckt's am besten:
Stachelbeerkompott ist nicht nur feine Beilage zu Grießflammeri, Brotpudding oder Wildbraten, sondern auch geschmackgebende Zutat für süßsaure Saucen.

Fruchtcocktail

Bilder Seite 27 und hintere Umschlagseite

Zutaten:
1 kg kernlose Mandarinen oder Satsumas
750 g blaue Weintrauben
1 frische Ananas
1 Honigmelone
3/4 l Wasser
1 Tasse Honig
200 g Zucker

Einkochzeit:
20 Minuten/100°
30 Minuten/80°

Die Geräte:
Kugelausstecher, Kochtopf, Einmachgläser mit Deckeln, Bügeln und Gummiringen, Einkochkessel.

Mein Tip:
Ist die Ananas nicht wirklich vollreif, läßt man die ausgestochenen Kugeln 2 Minuten im Sirup kochen; statt der frischen Ananas können auch Äpfel oder Birnen verwendet werden.

So wird's gemacht:
Die Mandarinen oder die Satsumas schälen und möglichst alle weißen Fäden entfernen. Die Früchte in Spalten zerlegen. • Die Weintrauben mehrmals gründlich kalt waschen, abtropfen lassen und von den Stielen zupfen. • Die Ananas längs in Viertel schneiden, den harten Mittelkern herausschneiden und das Fruchtfleisch mit dem Kugelausstecher in Kügelchen aushöhlen. • Die Honigmelone halbieren, die Kerne entfernen, die Melonenhälften schälen und die Frucht in Würfel schneiden. • Das Wasser mit dem Honig und dem Zucker verrühren und unter Rühren zum Kochen bringen. • Die Früchte in einer großen Schüssel mischen, mit dem heißen Sirup übergießen und so gemischt in die Einkochgläser füllen. • Die Ränder der Deckel sorgfältig abwischen, die Gummiringe und die Deckel auflegen und die Deckel mit den Bügeln verschließen. • Die Gläser in den Einkochkessel stellen und so viel kaltes Wasser in den Topf füllen, daß die Gläser 3/4 vom Wasser umgeben sind. Den Topf schließen, das Wasser zum Kochen bringen und 20 Minuten bei 100° oder 30 Minuten bei 80° kochen lassen. Oder wie Stachelbeerkompott im Backofen sterilisieren. • Nach erfolgter Einkochdauer die Gläser auf ein doppelt gefaltetes, heißfeuchtes Tuch stellen und ohne Luftzug erkalten lassen. • Von den völlig erkalteten Gläsern die Bügel abnehmen und die Gläser beschriften.

So schmeckt's am besten:
Der Fruchtcocktail kann mit frischen Orangenwürfeln und etwas Rum angereichert und in ausgehöhlten Orangenhälften serviert werden. Mit einer Schlagsahnenhaube schmeckt der Cocktail besonders gut.

Stachelbeermarmelade, roh gerührt

Zutaten:
1 kg Stachelbeeren
1 kg Zucker
Saft von 1 Zitrone

Ruhezeit:
12–16 Stunden

Zubereitungszeit:
60 Minuten, mit dem Rührgerät 10 Minuten

Die Geräte:
Schüssel mit Deckel, Rührlöffel oder elektrisches Rührgerät, Marmeladengläser, Einmach-Cellophan und Küchengarn.

So wird's gemacht:
Die Stachelbeeren gründlich kalt waschen, abtropfen lassen und von Blüten und Stielansätzen befreien. • Die Beeren in eine genügend große Schüssel geben, mit dem Zucker bestreuen und zugedeckt über Nacht im Kühlschrank durchziehen lassen. • Am nächsten Tag den Zitronensaft über die Beeren gießen, die Beeren zerdrücken und mit dem Zucker und dem Saft mischen. Die Beeren 50 Minuten lang möglichst in einer Richtung rühren, bis der Zucker sich völlig gelöst hat und die Marmelade glänzt. Mit dem elektrischen Rührgerät oder in der elektrischen Küchenmaschine dauert das Rühren bei Mittelstufe etwa 5 Minuten. • Noch rascher bereiten Sie roh gerührte Marmelade im elektrischen Mixer: die Beeren mit dem Zucker und dem Zitronensaft 3 Minuten im Mixer pürieren, dann 10 Minuten ruhen lassen und noch einmal 3 Minuten pürieren. • Die fertiggerührte Marmelade in möglichst kleine Gläser füllen, mit feuchtem Einmach-Cellophan verschließen, zubinden und beschriften.

Varianten:
Johannisbeermarmelade, roh gerührt: Wie im Rezept für Stachelbeermarmelade beschrieben herstellen.

Preiselbeermarmelade, roh gerührt: Wie im Rezept für Stachelbeermarmelade beschrieben herstellen.

Quittenmarmelade, roh gerührt: Wie im Rezept für Stachelbeermarmelade beschrieben herstellen; die Quitten aber schälen und sorgfältig entkernen!

Apfelmarmelade, roh gerührt: Die Marmelade möglichst aus Falläpfeln herstellen.
Die hier angegebenen Früchte eignen sich speziell für roh gerührte Marmelade, da sie reichlich Pektin enthalten.

Mein Tip
Roh gerührte Marmelade hält sich ungeöffnet etwa 4 Monate, eingefroren in der Gefriertruhe aber 1 Jahr; geöffnet sollte sie rasch verbraucht werden.

Rhabarbermarmelade, gekocht

Bild 2. Umschlagseite

Zutaten:
3 kg Rhabarber
2 kg Zucker
Saft von 4 Orangen
Saft von 2 Zitronen
abgeriebene Schale von 2 Zitronen

Kochzeit:
Etwa 30 Minuten

Die Geräte:
Großer breiter Kochtopf, Marmeladengläser, Einmach-Cellophan, Küchengarn.

Mein Tip:
Wenn Sie Marmelade kochen, bis diese nach dem Verdampfen der meisten Flüssigkeit geliert, ergibt sich zwar eine längere Kochdauer als mit einem Geliermittel, Sie brauchen aber weniger Zucker. Grundsätzlich rechnet man bei dieser Methode $1/3$ Zucker zur Obstmenge, bei sehr sauren Früchten $1/1$ Zucker und bei sehr süßen Früchten $1/2$ Zucker.

So wird's gemacht:
Die Rhabarberstangen gründlich kalt waschen, schälen und in kleine Stücke schneiden. • Die Rhabarberstückchen mit dem Zucker im Kochtopf mischen, den Orangensaft, den Zitronensaft und die Zitronenschale zufügen und alles unter Rühren zum Kochen bringen. • Die Marmelade unter ständigem Rühren bei milder Hitze so lange kochen lassen, bis der größte Teil der Flüssigkeit verdampft ist und die Marmelade zu gelieren beginnt. • Zur Probe auf einen kalten Teller einen Tropfen der Marmelade geben und kühl stellen. Ist der Marmeladetropfen nach dem Erkalten steif und zeigt keinen Wasserrand mehr, ist die Marmelade genügend geliert. • Die Marmelade abkühlen lassen und in gut ausgespülte Marmeladengläser füllen. Die Marmelade mit feuchtem Einmach-Cellophan verschließen, mit Küchengarn zubinden und beschriften.

Varianten:

Kirschenmarmelade, gekocht: Für 2 kg entsteinte Kirschen, halb süße, halb saure, 1 kg Zucker verwenden; zusätzlicher Fruchtsaft ist nicht nötig.

Aprikosenmarmelade, gekocht: Für 2 kg abgezogene, entsteinte und passierte Aprikosen 1 kg Zucker ohne Zusatz verwenden.

Heidelbeermarmelade, gekocht: Für 2 kg verlesene, zerdrückte Heidelbeeren $1 1/2$ kg Zucker verwenden.

Erdbeer-Rhabarber-Marmelade, gekocht: Aus zwei Drittel Erdbeeren und einem Drittel Rhabarber mit $1 1/2$ kg Zucker nach obigem Rezept Marmelade bereiten (Bild auf der Titelseite).

Pfirsichmarmelade

Zutaten:
2 kg Pfirsiche
2 kg Gelierzucker

Kochzeit:
Etwa 10 Minuten

Die Geräte:
Fleischwolf oder Schnitzelwerk der Küchenmaschine, großer breiter Kochtopf, Marmeladengläser, Einmach-Cellophan, Küchengarn.

So wird's gemacht:
Die Pfirsiche unter fließendem kaltem Wasser gründlich abwaschen, abtrocknen, halbieren und die Kerne entfernen (nach Belieben auch die Haut abziehen). • Die Pfirsiche durch den Fleischwolf drehen oder im Schnitzelwerk der Küchenmaschine zerkleinern. • Das Pfirsichmus mit der Hälfte des Gelierzuckers in einem Kochtopf unter Rühren zum Kochen bringen und bei Kochbeginn den restlichen Gelierzucker zum Fruchtmus schütten. • Das Fruchtmus 10 Minuten kräftig kochen lassen, dann sofort vom Herd nehmen. • Die noch heiße Marmelade in heißgespülte Gläser füllen, mit feuchtem Einmach-Cellophan verschließen, mit Küchengarn zubinden und erkalten lassen. Dann die Gläser beschriften.

Varianten:

Birnenmarmelade: Sie wird wie im Rezept für Pfirsichmarmelade beschrieben hergestellt.

Reineclaudenmarmelade: Sie wird wie im Rezept für Pfirsichmarmelade beschrieben hergestellt.

Mirabellenmarmelade: Sie wird wie im Rezept für Pfirsichmarmelade beschrieben hergestellt.

Mein Tip:
Wenn Sie weniger Zucker verwenden wollen, so können Sie auf 2 kg Obst auch 750 g normalen Zucker nehmen, diesen mit dem Fruchtmus 10 Minuten kochen, 750 g Gelierzucker zufügen und weitere 2 Minuten kochen.

Sauerkirschmarmelade

Zutaten:
2 kg entsteinte Sauerkirschen
40 g Gelierpulver
2 kg Zucker

Kochzeit:
Etwa 5 Minuten

Die Geräte:
Fleischwolf oder Schnitzelwerk der Küchenmaschine, großer breiter Kochtopf, Marmeladengläser, Einmach-Cellophan, Küchengarn.

Mein Tip:
Beim Herstellen von Marmelade mit Gelierpulver sollte das Zuckerverhältnis 1:1 möglichst genau eingehalten werden; deshalb wiegt man die Früchte am besten bereits geschält, entsteint und von eventuell schlechten Stellen befreit.

So wird's gemacht:
Die Kirschen zunächst mehrmals gründlich kalt waschen, abtropfen lassen, entstielen und entsteinen. • Die entsteinten Kirschen durch den Fleischwolf drehen oder im Schnitzelwerk der Küchenmaschine zerkleinern (die Kirschen können auch im Elektromixer püriert werden). • Das Fruchtmus in den Kochtopf geben und mit dem Gelierpulver verrühren. • Das Fruchtmus unter ständigem Rühren bei mittlerer Hitze zum Kochen bringen und den Zucker einrieseln lassen. • Die Marmelade unter ständigem Rühren 1 Minute kochen lassen und noch heiß in die heißgespülten Marmeladengläser füllen. • Die Gläser mit feuchtem Einmach-Cellophan verschließen, mit Küchengarn zubinden und erkalten lassen. Dann die Gläser beschriften.

Varianten:

Schwarze Johannisbeermarmelade: Marmelade aus schwarzen Johannisbeeren kann nach dem Rezept für Sauerkirschmarmelade hergestellt werden, jedoch brauchen Sie die Johannisbeeren nicht durch den Fleischwolf zu drehen, sondern nur beim Verrühren mit dem Gelierpulver etwas zerdrücken.

Kürbismarmelade: Kürbismarmelade mit Gelierpulver kann nach dem Rezept für Sauerkirschmarmelade hergestellt werden.

Pflaumenmarmelade: Die Marmelade wird ebenfalls nach dem Rezept für Sauerkirschmarmelade hergestellt; besonders fein schmeckt die Marmelade aber, wenn die Pflaumen nicht nur entsteint, sondern zuvor auch geschält werden. Hierfür die Pflaumen 1 Minute in kochendheißem Wasser blanchieren, anschließend in kaltes Wasser tauchen und die Haut abziehen.

Ananas-marmelade

Erdbeerkonfitüre (Rezept Seite 46) bleibt Favorit, auch wenn Himbeeren fast ebenso beliebt sind.

Zutaten:
2 kg frische Ananas
2 kg Zucker
10 g Zitronensäure (Citropekt)
1 Normalflasche flüssiges Geliermittel

Kochzeit:
Etwa 5 Minuten

Die Geräte:
Fleischwolf oder Schnitzelwerk der Küchenmaschine, großer breiter Topf, Marmeladengläser, Einmach-Cellophan, Küchengarn.

So wird's gemacht:
Die Ananas dünn schälen, längs vierteln und den harten Kern herausschneiden. Die Ananasviertel in kleine Würfel schneiden und diese wiegen; sie sollten mindestens noch 1600 g wiegen. • Die Ananaswürfel durch den Fleischwolf drehen oder im Schnitzelwerk der Küchenmaschine pürieren. • Das Fruchtmus mit dem Zucker und der Zitronensäure im Kochtopf verrühren und unter ständigem Rühren zum Kochen bringen. • Das Fruchtmus unter ständigem Rühren 10 Sekunden sehr stark kochen lassen, das flüssige Geliermittel zugeben und unter Rühren noch einmal aufkochen lassen. • Die Marmelade vom Herd nehmen und noch heiß in heißgespülte Gläser füllen. Die Gläser mit feuchtem Einmach-Cellophan verschließen und zubinden. • Die Marmelade in den Gläsern erkalten lassen und dann beschriften.

So schmeckt's am besten:
Die Ananasmarmelade erhält eine besondere Geschmacksnote, wenn man sie vom Herd nimmt und noch $1/2$ Tasse Kirschwasser unterrührt.

Varianten:
Pflaumenmarmelade mit Geist: Entsteinte und geschälte Pflaumen nach dem Rezept für Ananasmarmelade zubereiten und zuletzt mit $1/2$ Tasse Zwetschgenwasser verrühren.

Süßsaure Kirschmarmelade mit Kirsch: Halb Sauerkirschen, halb süße Kirschen entsteinen, mit ebensoviel Zucker wie im Rezept für Ananasmarmelade beschrieben verarbeiten und zuletzt mit $1/2$ Tasse Kirschwasser verrühren.

Erdbeermarmelade: 2 kg gewaschene, entstielte Erdbeeren nach dem Rezept für Ananasmarmelade zubereiten.

Mein Tip:
Die einfachste, sicherste und schonendste Methode ist das Herstellen von Marmelade mit flüssigem Geliermittel. Ananasmarmelade können Sie auch aus Dosenfrüchten herstellen, wobei die Früchte zerkleinert und wie im Rezept für frische Ananas zubereitet werden.

◁ So vergnüglich kann Marmeladekochen (hier Erdbeerkonfitüre, Rezept Seite 46), für die ganze Familie sein!

Himbeermarmelade

Zutaten:
2 kg Himbeeren
2½ kg Zucker
10 g Zitronensäure (Citropekt)
1 Normalflasche flüssiges Geliermittel

Kochzeit:
Etwa 5 Minuten

Die Geräte:
Großer Kochtopf, Marmeladengläser, Einmach-Cellophan, Küchengarn.

So wird's gemacht:
Die Himbeeren verlesen, unter fließendem kaltem Wasser abbrausen und gut abtropfen lassen. Die Himbeeren zerdrücken, den Zucker und die Zitronensäure zufügen und unter Rühren 10 Sekunden kräftig kochen lassen. • Das flüssige Geliermittel zu dem Himbeermus gießen und unter Rühren einmal aufkochen lassen. • Die Marmelade vom Herd nehmen, in heißgespülte Gläser füllen, mit feuchtem Einmach-Cellophan verschließen und zubinden. Die Marmelade erkalten lassen und die Gläser dann beschriften.

So schmeckt's am besten:
Ganz besonders raffiniert schmeckt es, wenn Sie die Himbeermarmelade vom Herd nehmen und noch ½ Tasse Rum untermischen.

Varianten:
Gemischte Johannisbeermarmelade: Aus je 1½ kg roten und schwarzen Johannisbeeren Fruchtmus herstellen, das 2250 g wiegen soll. Dieses Mus mit 2750 g Zucker verrühren und wie im Rezept für Himbeermarmelade beschrieben zur Marmelade verarbeiten.

Brombeermarmelade: Auf 2 kg kochfertige Brombeeren 2½ kg Zucker rechnen und die Marmelade wie im Rezept für Himbeermarmelade beschrieben herstellen.

Mein Tip:
Wenn Sie Marmelade aus Beeren ohne Kerne bevorzugen, so streichen Sie die gewaschenen rohen Beeren durch ein Haarsieb.

Orangenmarmelade

Bilder Seite 28 und 55

Zutaten:
1½ kg ungespritzte Orangen
1750 g Zucker
10 g Zitronensäure (Citropekt)
1 Normalflasche flüssiges Geliermittel

Kochzeit:
Etwa 5 Minuten

Die Geräte:
Fleischwolf oder Elektromixer, großer Kochtopf, Marmeladengläser, Einmach-Cellophan, Küchengarn.

Mein Tip:
Wenn Sie nur jeweils ²/3 des Fruchtfleisches zu Mus verarbeiten und den Rest in Würfelchen zugeben, so erhalten Sie zusammen mit den Schalenstreifchen eine feine Konfitüre.

So wird's gemacht:
Die Orangen unter heißem Wasser gründlich abwaschen und gut abtrocknen. • Von 5 Orangen die äußere Haut so dünn abschälen, daß nichts von der weißen Unterhaut an der Orangenschale haftet. Die Orangenschale in sehr feine Streifchen schneiden. • Alle Orangen schälen, in Spalten zerteilen und die Kerne entfernen. • Das Orangenfleisch durch den Fleischwolf drehen oder im Elektromixer pürieren und mit den Schalenstreifen abwiegen; es soll insgesamt 1250 g Fruchtmus entstehen. • Das Fruchtmus mit dem Zucker und der Zitronensäure in einem großen breiten Topf unter ständigem Rühren zum Kochen bringen und 10 Sekunden sprudelnd kochen lassen. • Das flüssige Geliermittel in die Marmelade gießen, unter Rühren einmal aufkochen lassen und die Marmelade vom Herd nehmen. • Die heiße Marmelade in heißgespülte Gläser füllen, diese mit feuchtem Einmach-Cellophan verschließen und zubinden. • Die Marmelade erkalten lassen und dann die Gläser beschriften.

So schmeckt's am besten:
Eine besonders liebliche Geschmacksnuance erhält die Marmelade, wenn Sie ihr nach dem Wegnehmen vom Herd noch ½ Tasse Kroatzbeerenlikör untermischen; besonders herb schmeckt sie, wenn Sie ½ Tasse Whisky zugeben.

Varianten:
Grapefruitmarmelade: Sie wird aus Grapefruits wie im Rezept für Orangenmarmelade beschrieben hergestellt (Bild Seite 55).

Mandarinenmarmelade: Sie wird aus Mandarinen wie im Rezept für Orangenmarmelade beschrieben hergestellt, dem Fruchtmus fügen Sie aber noch die abgeriebene Schale und den Saft von 1 Zitrone bei.

Tomatenmarmelade

Bild Seite 55

Zutaten:
1½ kg Tomaten
2 kg Zucker
20 g Zitronensäure (Citropekt)
Saft von 1 Zitrone
abgeriebene Schale von 1 Zitrone
1 Normalflasche flüssiges Geliermittel

Kochzeit:
Etwa 5 Minuten

Die Geräte:
Passiersieb oder Elektromixer, großer breiter Kochtopf, Marmeladengläser, Einmach-Cellophan, Küchengarn.

Mein Tip:
Wenn Sie sich die Mühe des Tomatenabschälens ersparen wollen, dann verwenden Sie bereits geschälte Tomaten aus der Dose.

So wird's gemacht:
Die Tomaten am stiellosen Ende kreuzweise einritzen, mit kochendem Wasser überbrühen und 2 Minuten im Wasser liegen lassen. Die locker aufgesprungene Tomatenhaut abziehen, die Tomaten vierteln und im Elektromixer pürieren oder durch das Passiersieb streichen. • Das Tomatenpüree in einem genügend großen Topf (er soll nur zur Hälfte gefüllt sein) mit dem Zucker, der Zitronensäure, dem Zitronensaft und der abgeriebenen Zitronenschale unter ständigem Rühren 10 Sekunden sprudelnd kochen lassen. • Das Geliermittel zur Tomatenmasse gießen, unter Rühren einmal kräftig aufkochen lassen und die Marmelade vom Herd nehmen. • Die Tomatenmarmelade noch heiß in heißgespülte Gläser füllen, die Gläser mit feuchtem Einmach-Cellophan verschließen und zubinden. • Die Marmelade erkalten lassen und dann die Gläser beschriften.

So schmeckt's am besten:
Die Marmelade bekommt einen besonderen Pfiff, wenn Sie gleichzeitig mit der abgeriebenen Zitronenschale noch 2 gestrichene Teelöffel Ingwerpulver unter die Tomatenmasse rühren.

Variante:
Marmelade aus unreifen Tomaten: Die gewaschenen Tomaten vierteln und durch den Fleischwolf drehen. Das Tomatenmus, den Saft und die abgeriebene Schale von 2 Orangen zufügen und die Marmelade wie im obenstehenden Rezept zubereiten.

Hagebuttenmarmelade

Zutaten:
3½ kg Hagebutten
2250 g Zucker
20 g Zitronensäure (Citropekt)
1 Normalflasche flüssiges Geliermittel
Saft von 2 Zitronen

Kochzeit:
Etwa 35 Minuten

Die Geräte:
Großer Kochtopf mit Deckel, Fleischwolf oder Elektromixer, Marmeladengläser, Einmach-Cellophan und Küchengarn.

Mein Tip:
Hagebuttenmarmelade ist äußerst vitaminreich und wohlschmeckend; es lohnt sich deshalb, Hagebutten aus dem Garten oder aus dem Wald zu Marmelade zu verarbeiten, auch wenn die Ernte nicht gleich 3½ kg Hagebutten ergibt.

So wird's gemacht:
Die Hagebutten mehrmals unter fließendem kaltem Wasser waschen und abtropfen lassen. • Die Hagebutten von Stielen und Blütenansätzen befreien, die Früchte aufschneiden und die Kerne herauskratzen. • Die Hagebutten knapp mit Wasser bedeckt in einen Kochtopf geben und zugedeckt etwa 30 Minuten lang weichkochen. • Die Hagebutten abtropfen lassen und durch den Fleischwolf drehen oder im Elektromixer pürieren (im Elektromixer ein wenig von der Kochflüssigkeit zufügen). • Das Hagebuttenmus wiegen und 1750 g mit dem Zucker und der Zitronensäure im Topf verrühren und unter ständigem Rühren 10 Sekunden sprudelnd kochen lassen. Das flüssige Geliermittel und den Zitronensaft unter die Marmelade rühren, einmal aufkochen lassen und die Marmelade vom Herd nehmen.
• Die heiße Marmelade in heißgespülte Gläser füllen, diese mit feuchtem Einmach-Cellophan verschließen und zubinden. • Die Marmelade in den Gläsern erkalten lassen und die Gläser erst dann beschriften.

Varianten:
Hagebutten-Apfel-Marmelade: Hierfür werden 1250 g Hagebuttenmus und 500 g selbstgekochtes, aber noch ungesüßtes Apfelmus benötigt. Das Fruchtmus wird ebenfalls mit 2250 g Zucker verarbeitet und im übrigen die Marmelade nach dem Rezept für Hagebuttenmarmelade hergestellt.

Sanddornmarmelade: Um 1750 g Sanddornmus zu erhalten, brauchen Sie etwa 3 kg frische Sanddornbeeren. Die Sanddornbeeren in wenig Wasser so lange kochen, bis sie platzen und dann durch ein Haarsieb streichen. In das Fruchtmus rührt man ebenfalls 2250 g Zucker und 1 Normalflasche flüssiges Geliermittel; die Beigabe von Zitronensäure und Zitronensaft entfällt.

Holundermarmelade

Zutaten:
2 kg Holunderbeeren
2 kg Zucker
20 g Zitronensäure (Citropekt)
1 Normalflasche flüssiges Geliermittel
Saft von 2 Zitronen

Kochzeit:
Etwa 5 Minuten

Die Geräte:
Großer Kochtopf, Kartoffelstampfer, Marmeladengläser, Einmach-Cellophan und Küchengarn.

Mein Tip:
Holunderbeeren werden leider selten auf dem Markt angeboten. Auf Spaziergängen findet man in ländlichen Gegenden aber oft reichtragende Bäume, die abgeerntet werden dürfen.

So wird's gemacht:
Die Holunderbeeren mehrmals kalt waschen, abtropfen lassen und von den Stielen befreien. • 1½ kg Holunderbeeren abwiegen und diese mit dem Zucker und der Zitronensäure gründlich verrühren und dabei zerstampfen. • Das gezuckerte Fruchtmus unter Rühren zum Kochen bringen und unter Rühren 10 Sekunden sprudelnd kochen lassen. • Das flüssige Geliermittel und den Zitronensaft zur Marmelade gießen, einmal aufkochen lassen und vom Herd nehmen. • Die Marmelade noch heiß in heißgespülte Gläser füllen, diese mit feuchtem Einmach-Cellophan verschließen und zubinden. Die Marmelade erkalten lassen und die Gläser erst dann beschriften.

Varianten:
Holunder-Preiselbeer-Marmelade: 1½ kg Holunderbeeren mit 1 kg Preiselbeeren mischen und in ¼ l Wasser musig kochen. Das Fruchtmus dann mit 2250 g Zucker verrühren und die Marmelade wie im Rezept für Holundermarmelade beschrieben herstellen.

Holunder-Apfel-Marmelade: 750 g gewaschene Holunderbeeren mit 1 kg geschälten entkernten Apfelvierteln in ¼ l Wasser musig kochen. Das Mus mit 2250 g Zucker verrühren und die Marmelade wie im Rezept für Holundermarmelade beschrieben herstellen.

Holunder-Zwetschgen-Marmelade: 750 g gewaschene Holunderbeeren mit 1 kg entkernten Zwetschgen musig kochen und mit 2250 g Zucker, wie im Rezept beschrieben, verarbeiten.

Diabetiker-Marmelade

Zutaten:
1 kg Fruchtmus (z. B. Erdbeeren)
1250 g Diabetiker-Zucker
5 g Zitronensäure (Citropekt)
½ Normalflasche flüssiges Geliermittel

Kochzeit:
Etwa 5 Minuten

Die Geräte:
Fleischwolf oder Elektromixer, großer breiter Kochtopf, Marmeladengläser, Einmach-Cellophan und Küchengarn.

So wird's gemacht:
Die für das Obstmus verwendeten Früchte zunächst gründlich kalt waschen, von Stielen und Blütenansätzen befreien und die Früchte eventuell entkernen. • Beeren mit dem Kartoffelstampfer zerdrücken, anderes Obst durch den Fleischwolf drehen oder im Elektromixer portionsweise pürieren. • Das Obstmus mit dem Zucker und der Zitronensäure verrühren, unter ständigem Rühren zum Kochen bringen und 5 Minuten sprudelnd kochen lassen. • Das flüssige Geliermittel in die Marmelade rühren, einmal aufkochen lassen und vom Herd nehmen. • Die heiße Marmelade in heißgespülte Gläser füllen, diese mit feuchtem Einmach-Cellophan verschließen und zubinden. • Die Marmelade in den Gläsern erkalten lassen und die Gläser erst dann beschriften.

Varianten:
Bei der Herstellung von Marmelade, Konfitüre oder Gelee für Diabetiker mit Fruchtzucker oder Diabetiker-Zucker können Sie sich jeweils nach den Rezepten mit Normalzucker richten. Das Verhältnis von Obst und Zucker sowie die Zugabe von Zitronensäure und Geliermittel bleibt stets wie im obenstehenden Grundrezept angegeben.

Mein Tip:
Als Austausch für den für Diabetiker nicht erlaubten Normalzucker muß für die Herstellung von Marmelade, Konfitüre oder Gelee Diabetiker-Zucker oder Fruchtzucker verwendet werden.

Pflaumenmus – Zwetschgenmus

Zutaten:
5 kg Zwetschgen
1/2 Tasse Essig
1 kg Zucker

Kochzeit:
3–7 Stunden

Die Geräte:
Schnellkochtopf oder breiter großer Kochtopf, Elektromixer oder Fleischwolf.

Mein Tip:
Das Zwetschgenmus schmeckt am besten aus überreifen Früchten, wobei angefaulte Früchte vorher ausgelesen werden müssen.

So wird's gemacht:

Rezept A: Die Zwetschgen unter fließendem kaltem Wasser waschen und entsteinen. • Den Essig und den Zucker mit den Zwetschgen in den Schnellkochtopf füllen und darin bei milder Hitze 3 Stunden kochen lassen. Oder das Zwetschgenmus in einen breiten großen Kochtopf füllen und unter öfterem Umrühren auf der Elektroplatte bei Schaltstufe 1/2–1 oder auf der Automatikplatte bei Schaltstufe 6 etwa 7 Stunden kochen lassen.

Rezept B: Die Zwetschgen ebenfalls waschen, entsteinen und portionsweise im Mixer pürieren oder durch den Fleischwolf drehen. • Das Zwetschgenmus mit dem Zucker (den Essig weglassen) verrühren, in die Fettpfanne des Backofens füllen, bei 275° zum Brodeln bringen und dann 7 Stunden bei 175° erhitzen.

Rezept C: Die Zwetschgen waschen, in wenig Wasser so lange kochen lassen, bis die Früchte völlig zerkocht sind. • Die Zwetschgen durch ein Sieb passieren und das Mus in kleine Einmachgläser füllen. • Die Einmachgläser mit Gummiringen und Deckeln schließen, die Deckel mit den Bügeln befestigen und das Mus 10 Minuten bei 90° oder 8 Minuten bei 100° sterilisieren.

Rezept D: Die gewaschenen Zwetschgen mit dem Zucker, dem Essig und etwas Wasser so lange kochen lassen, bis sie zerfallen. • Den Brei dann durch ein Sieb passieren und das gewonnene Zwetschgenmus unter ständigem Umrühren bei milder Hitze noch 5 Stunden kochen lassen.

Für Rezept A, B und D:
Das noch heiße Zwetschgenmus in heißgespülte Marmeladengläser füllen, diese mit feuchtem Einmach-Cellophan verschließen und zubinden. Das Zwetschgenmus erkalten lassen und die Gläser erst dann beschriften.

Erdbeerkonfitüre

Bilder Seite 37 und 38

Zutaten:
1½ kg Erdbeeren
1750 g Zucker
10 g Zitronensäure (Citropekt)
1 Normalflasche flüssiges Geliermittel

Kochzeit:
Etwa 5 Minuten

Die Geräte:
Großer breiter Kochtopf, Kartoffelstampfer, Marmeladengläser, Einmach-Cellophan und Küchengarn.

So wird's gemacht:
Die Erdbeeren unter fließendem kaltem Wasser gründlich waschen und abtropfen lassen. • Die Erdbeeren von Stielen und Blattansatz befreien und große Beeren halbieren oder in Stücke schneiden. • Die Hälfte der Erdbeeren in den Kochtopf geben, den Zucker und die Zitronensäure daruntermischen und mit dem Kartoffelstampfer zu Mus zerdrücken. • Die andere Hälfte der halbierten Erdbeeren oder die Erdbeerstückchen zum Fruchtmus geben und unter vorsichtigem Rühren zum Kochen bringen. Die Marmelade unter ständigem Rühren bei starker Hitze 10 Sekunden kochen lassen, das flüssige Geliermittel untermischen und noch einmal aufkochen lassen. • Die Konfitüre vom Herd nehmen und noch heiß in heißgespülte Gläser füllen. Die Gläser mit feuchtem Einmach-Cellophan verschließen und mit Küchengarn zubinden. • Die Konfitüre in den Gläsern erkalten lassen und dann die Gläser beschriften.

So schmeckt's am besten:
Eine speziell bei Erwachsenen beliebte Geschmacksnuance erhält die Konfitüre, wenn Sie vor dem Einfüllen in die Gläser ½ Tasse Cognac unterrühren.

Varianten:
Himbeerkonfitüre: Nach dem Rezept für Erdbeerkonfitüre können Sie aus 2 kg Himbeeren und 2 kg Zucker Himbeerkonfitüre herstellen.

Brombeerkonfitüre: Für Brombeerkonfitüre gilt ebenso das Verhältnis von 2 kg Beeren und 2 kg Zucker. Die Zubereitung ist die gleiche wie bei der Erdbeerkonfitüre.

Heidelbeerkonfitüre: Sie wird ebenfalls aus 2 kg Beeren und 2 kg Zucker nach dem obigen Rezept hergestellt.

Mein Tip:
Kleine Erdbeeren sind meist aromatischer als große und brauchen auch nur halbiert zu werden. Besonders delikat schmeckt die Konfitüre aus Walderdbeeren!

Aprikosenkonfitüre

Zutaten:
2 1/2 kg Aprikosen
2 kg Zucker
10 g Zitronensäure (Citropekt)
1 Normalflasche flüssiges Geliermittel
Saft von 2 Zitronen

Kochzeit:
10 Minuten

Die Geräte:
Fleischwolf oder Elektromixer, großer breiter Kochtopf, Marmeladengläser, Einmach-Cellophan und Küchengarn.

Mein Tip:
Auch Konfitüre läßt sich statt mit flüssigem Geliermittel mit Gelierzucker herstellen. Bei einer Kochdauer von 10 Minuten muß man – wenn nicht anders angegeben – Obst und Gelierzucker zu gleichen Teilen verwenden.

So wird's gemacht:
Die Aprikosen gründlich kalt abwaschen, abtrocknen, halbieren und die Steine entfernen. • Die Aprikosen wiegen, sie sollen nun 2 kg ergeben. • Die Hälfte der Aprikosen durch den Fleischwolf drehen oder im Mixer pürieren. Die andere Hälfte der Aprikosen in feine Spalten schneiden. • Die Aprikosenstückchen und das Aprikosenmus mit dem Zucker und der Zitronensäure im Topf verrühren und unter ständigem Rühren bei starker Hitze 10 Minuten kochen lassen. • Das flüssige Geliermittel zur Konfitüre geben, unter Rühren einmal aufkochen lassen und die Konfitüre vom Herd nehmen. • Die Konfitüre heiß in heißgespülte Gläser füllen, mit feuchtem Einmach-Cellophan verschließen und zubinden. • Die Konfitüre in den Gläsern erkalten lassen und die Gläser erst dann beschriften.

Varianten:

Mirabellenkonfitüre: Mirabellenkonfitüre wird genau nach dem Rezept von Aprikosenkonfitüre hergestellt, jedoch ohne Zitronensaft.

Pflaumenkonfitüre: Pflaumenkonfitüre wird ebenso nach dem obigen Rezept hergestellt, aber ohne Zitronensaft.

Reineclaudenkonfitüre: Reineclaudenkonfitüre läßt sich auch nach dem Rezept für Aprikosenkonfitüre herstellen. Die Beigabe von Zitronensaft entfällt.

Pfirsichkonfitüre: Pfirsichkonfitüre wird aus 1750 g entsteinten Pfirsichen, 1750 g Zucker und dem Saft von 2 Zitronen nach obigem Rezept hergestellt.

Apfelgelee

Zutaten:
1 1/2 kg säuerliche Äpfel
2 kg Zucker
10 g Zitronensäure (Citropekt)
1 Normalflasche flüssiges Geliermittel

Kochzeit:
Etwa 5 Minuten

Die Geräte:
Fruchtpresse, Entsafter oder Mulltuch, großer breiter Kochtopf, Geleegläser, Einmach-Cellophan und Küchengarn.

So wird's gemacht:
Die Äpfel gründlich waschen, vierteln und das Kerngehäuse entfernen. • Die Apfelviertel entweder durch die Fruchtpresse drücken oder im Entsafter verarbeiten. Sind beide Geräte nicht vorhanden, so erhitzen Sie die Apfelviertel unter ständigem Rühren in dem großen Kochtopf, möglichst nicht über 80°, jedoch so lange, bis sie zu Mus zerfallen. • Das Apfelmus dann in ein Mulltuch geben – es kann an den 4 Beinen eines umgedrehten Hockers angebunden werden – eine Schüssel unter das Tuch stellen und den Saft auffangen. Das Gelee wird besonders klar, wenn Sie es nur aus abgetropftem Saft bereiten und Musrückstände nicht auspressen. • Den Apfelsaft mit dem Zucker und der Zitronensäure verrühren, unter ständigem Rühren einmal aufkochen lassen, das flüssige Geliermittel zugeben, noch einmal aufkochen lassen und das Gelee vom Herd nehmen. • Das Gelee noch heiß in heißgespülte Gläser füllen, mit feuchtem Einmach-Cellophan verschließen und zubinden. • Das Gelee in den Gläsern erkalten lassen und die Gläser erst dann beschriften.

Variante:
Gelees mit flüssigem Geliermittel können Sie aus allen saftreichen Früchten herstellen, wie zum Beispiel aus Johannisbeeren, Himbeeren, Brombeeren, Erdbeeren, Kirschen, Beeren von der Eberesche oder aus dem Saft von Zitrusfrüchten. • Das Verhältnis von Fruchtsaft zu Zucker ist entweder 1 1/2 kg zu 2 kg oder 1250 g zu 1750 g.

Mein Tip:
Zur Saftgewinnung für Gelee darf grundsätzlich keine Weinsteinsäure verwendet werden, weil der Fruchtsaft sonst zu viel Säure enthält.

Zitronengelee

Bild Seite 55

Zutaten:
5 ungespritzte Zitronen
1½ kg Zucker
1 Normalflasche Geliermittel

Zubereitungszeit:
Etwa 5 Minuten

Die Geräte:
Großer Kochtopf, Rührlöffel, Geleegläser, Einmach-Cellophan, Küchengarn.

Mein Tip:
Wenn Sie das Gelee in sehr kleine Gläser füllen, können Sie es als Besonderheit an Festtagen servieren.

So wird's gemacht:
Die Zitronen gründlich mit heißem Wasser waschen und abtrocknen. • Von 2 Zitronen die gelbe Haut sehr dünn abschälen; an der gelben Schale sollte nichts von der weißen Unterschale haften. Die Zitronenschale in sehr feine Streifen schneiden. • Alle 5 Zitronen auspressen und den Saft abmessen. • Soviel Wasser mit dem Zucker und der Zitronenschale mischen, daß zuletzt mit dem Zitronensaft zusammen 1 und ¼ l Flüssigkeit verarbeitet ist. Alles unter Rühren aufkochen lassen. • Den Zitronensaft und das Geliermittel in den kochenden Zuckersirup rühren und unter Rühren einige Male aufkochen lassen. • Das Gelee vom Herd nehmen und in heiß ausgespülte, aber trockene Gläser füllen. • Die Gläser mit dem noch heißen Gelee mit feuchtem Einmach-Cellophan verschließen und zubinden. • Das Gelee erkalten lassen und die Gläser dann beschriften.

So schmeckt's am besten:
Das Gelee wird zur Raffinesse – besonders als Geschenk für Herren – wenn Sie 2 Gläser Whisky (4 cl) unter das Gelee rühren, gleich nachdem Sie es vom Herd genommen haben.

Varianten:
Grapefruitgelee: Nach obigem Rezept bereiten (Bild Seite 55).

Orangengelee: Wie im Rezept für Zitronengelee beschrieben bereiten (Bild Seite 55).

Quittengelee

Zutaten:
500 g Quittensaft
10 g Gelierpulver
500 g Zucker

Kochzeit:
Etwa 5 Minuten

Die Geräte:
Fruchtpresse, Entsafter oder Mulltuch, großer Kochtopf, Geleegläser, Einmach-Cellophan und Küchengarn.

So wird's gemacht:
Die Quitten waschen und mit einem Tuch gründlich abreiben. • Die Quitten in Viertel schneiden, das Kerngehäuse mit möglichst allen Kernchen herausschneiden und die Quittenviertel in der Fruchtpresse oder im Entsafter verarbeiten. Sind beide Geräte nicht vorhanden, so werden die Quittenviertel mit wenig Wasser bei etwa 80° so lange unter Rühren erhitzt, bis sie zu Mus zerfallen. • Das Quittenmus in ein Mulltuch geben – das Mulltuch kann zwischen den 4 Beinen eines umgedrehten Hockers befestigt sein – und den Quittensaft in einer darunterstehenden Schüssel auffangen. • Vom puren Quittensaft 500 g (= 1/2 l) abwiegen und diesen mit dem Gelierpulver im Topf mischen. • Den Quittensaft unter Rühren erhitzen und bei Kochbeginn den Zucker einrieseln lassen. • Den Quittensaft 1 Minute sprudelnd kochen lassen, vom Herd nehmen und noch heiß in heißgespülte Gläser füllen. • Die Gläser mit feuchtem Einmach-Cellophan verschließen und zubinden. • Das Quittengelee erkalten lassen und die Gläser erst dann beschriften.

Variante:
Auf gleiche Weise wie das Quittengelee können Sie Gelee mit Gelierpulver von allen anderen saftreichen Früchten herstellen. • Das Verhältnis Fruchtsaft zu Zucker bleibt stets 500 g zu 500 g.

Mein Tip:
Man kann für Quittengelee auch Zierquitten verwenden oder diese mit anderen Quitten mischen.

Weintraubengelee

Zutaten:
1 1/2 kg Weintrauben
1 kg Gelierzucker

Kochzeit:
Etwa 5 Minuten

Die Geräte:
Fruchtpresse, Entsafter, Fleischwolf oder Mixer, großer Kochtopf, Geleegläser, Einmach-Cellophan und Küchengarn.

So wird's gemacht:
Die Weintrauben waschen und von den Stielen zupfen.
• Die Weintrauben entweder in der Fruchtpresse oder im Entsafter verarbeiten. Sind beide Geräte nicht vorhanden, die Trauben durch den Fleischwolf drehen oder im Elektromixer pürieren. • Das Fruchtpüree in ein Mulltuch geben – es kann zwischen den 4 Beinen eines umgekehrten Stuhles befestigt werden – und den Fruchtsaft abtropfen lassen.
• Den Fruchtsaft mit der Hälfte des Gelierzuckers gut mischen und unter Rühren zum Kochen bringen. Den restlichen Zucker zugeben und ebenfalls unter Rücken 10 Sekunden sprudelnd kochen lassen. • Das Gelee vom Herd nehmen und noch heiß in heißgespülte Gläser füllen. • Die Gläser mit feuchtem Einmach-Cellophan verschließen und zubinden. • Das Gelee in den Gläsern erkalten lassen und die Gläser erst dann beschriften.

Variante:
Fruchtgelee mit Gelierzucker können Sie aus jeder beliebigen Frucht gewinnen. • Das Verhältnis Fruchtsaft zu Gelierzucker ist stets 1 kg zu 1 kg.

Roher Erdbeersaft

Zutaten:
3 kg Erdbeeren
1 l Wasser
30 g Zitronensäure
750 g Zucker auf 1 l Saft

Vorbereitungszeit:
1 Stunde

Marinierzeit:
24 Stunden

Zubereitungszeit:
1 Stunde

Die Geräte:
Große Porzellanschale mit Deckel, Mulltuch oder Fruchtpresse, Saftflaschen, Gummikappen.

Mein Tip:
Den Saft sehr kühl und möglichst nicht länger als 3 Monate lagern. • Möchten Sie rohe Saftvorräte längere Zeit aufbewahren oder diese ohne Zucker für Diätzwecke bereiten, so ist es ratsam, den Saft wie Obst im Kessel einzukochen: bei 100°/18 Minuten, bei 75°/25 Minuten.

So wird's gemacht:
Die Erdbeeren gründlich in kaltem Wasser waschen und abtropfen lassen. • Die Erdbeeren entstielen und alle schlechten Stellen entfernen. • Die Erdbeeren in kleine Stücke schneiden und in die Porzellanschüssel geben. • Das Wasser mit der Zitronensäure verrühren, über die Erdbeeren gießen und diese zugedeckt 24 Stunden im Kühlschrank oder an einem anderen kühlen Ort ruhen lassen. • Wenn Sie eine Fruchtpresse besitzen, so können Sie die gereinigten Früchte durch die Fruchtpresse geben und den Saft lediglich mit Zucker verrührt in Flaschen abfüllen. • Für die marinierten Früchte ein Mulltuch an den vier Beinen eines umgedrehten Hockers befestigen und das Fruchtgemisch hineingeben. • Den Saft abtropfen lassen und pro Liter Saft mit 750 g Zucker so lange verrühren, bis sich der Zucker völlig gelöst hat. • Den fertigen Saft in gut gespülte Flaschen füllen und diese mit ausgekochten Gummikappen verschließen. • Die Saftflaschen beschriften und in den Lagerraum bringen. • Aus den Fruchtrückständen können Sie mit etwa $1/3$ der Masse und $2/3$ ganzen Beeren oder Fruchtstückchen Konfitüre (Rezept Seite 46) bereiten.

Varianten:
Roher Himbeersaft: Himbeersaft kann roh wie im Rezept für rohen Erdbeersaft beschrieben zubereitet werden.

Roher Johannisbeersaft: Roher Johannisbeersaft aus roten oder schwarzen Johannisbeeren, getrennt oder gemischt, kann nach obigem Rezept bereitet werden.

Roher Apfelsaft: Roher Apfelsaft kann wie im obigen Rezept beschrieben bereitet werden; hierfür eignen sich besonders gut sehr reife Falläpfel.

Gekochter Rhabarbersaft

Zutaten:
4 kg Rhabarber
1 l Wasser
500 g Zucker auf 1 l Saft

Vorbereitungszeit:
1 Stunde

Kochzeit:
20 Minuten

Zubereitungszeit:
1 Stunde

Die Geräte:
Großer Topf mit Deckel, Mulltuch, Saftflaschen und Gummikappen.

Mein Tip:
Säfte, die Sie mit so viel Zucker herstellen, müssen zum Trinken mit Wasser, Mineralwasser oder Milch verdünnt werden. Möchten Sie schwächer gesüßten Trinksaft bereiten, rechnen Sie pro Liter Saft nur 50–100 g Zucker je nach Süße der Früchte und kochen Sie die Säfte wie Kompott ein: bei 100°/18 Minuten, bei 75°/25 Minuten.

So wird's gemacht:
Den Rhabarber gründlich kalt waschen, die Stangen dünn abschälen und in möglichst kleine Stücke schneiden. • Das Obst mit dem Wasser in den Kochtopf geben, zum Kochen bringen und zugedeckt etwa 10 Minuten kochen lassen. • Das Mulltuch an die vier Beine eines umgedrehten Küchenhockers spannen, eine Porzellanschüssel darunterstellen und den Fruchtbrei in das Mulltuch gießen. • Den Saft durch das Mulltuch abtropfen lassen, ohne den Fruchtbrei auszupressen. • Den abgetropften Saft abmessen und pro Liter 500 g Zucker mit dem Saft verrühren und unter Rühren 10 Minuten kochen lassen. • Den Saft noch heiß in heißgespülte Flaschen füllen, den sich bildenden Schaum ablaufen lassen und die Flaschen mit den ausgekochten Gummikappen verschließen. • Den Saft in den Flaschen an einem zugfreien Ort erkalten lassen und erst danach beschriften. • Die Fruchtrückstände in dem Mulltuch können zu Marmelade oder mit einem entsprechenden Anteil an ganzen Beeren oder Fruchtstückchen zu Konfitüre verarbeitet werden.

Varianten:
Gekochter Kirschsaft: Den Fruchtsaft wie im oben beschriebenen Rezept aus entsteinten und entstielten Kirschen herstellen und auf 1 l Saft aus süßen Kirschen 300 g Zucker, aus sauren Kirschen 500 g Zucker nehmen.

Gekochter Apfelsaft: Aus ungeschälten Äpfeln (soll das Fruchtmus verarbeitet werden, die Kerngehäuse entfernen) nach dem oben beschriebenen Rezept Saft herstellen und auf 1 l Saft 200 g Zucker nehmen.

Gekochter Hagebuttensaft: Die Hagebutten halbieren, die Kerne entfernen und nach dem oben beschriebenen Rezept Saft herstellen; auf 1 l Saft 250 g Zucker nehmen.

Gedämpfter Pfirsichsaft

Orangenmarmelade, Grapefruitmarmelade (Seite 40), Tomatenmarmelade (Seite 41), Zitronengelee, Grapefruitgelee, Orangengelee (Seite 49) ▷

Zutaten:
4 kg Pfirsiche
200 g Zucker

Vorbereitungszeit:
20 Minuten

Dämpfzeit:
45 Minuten

Die Geräte:
Dampfentsafter, Saftflaschen, Gummikappen.

So wird's gemacht:
Die Pfirsiche kalt abwaschen, schlechte Stellen ausschneiden, die Früchte halbieren und entkernen. • Die Fruchthälften mit dem Zucker und 5 Pfirsichkernen in den Fruchtbehälter des Entsafters geben. • Den Wasserbehälter mit heißem Wasser füllen und das Saftauffanggefäß daraufstellen. Den Fruchtbehälter in das Saftauffanggefäß hängen und den Kessel mit dem Deckel schließen. • Das Wasser zum Kochen bringen, dann die Hitze so weit zurückschalten, daß der Kochvorgang konstant bleibt und 45 Minuten kochen lassen. (Während der Kochdauer bleibt der Schlauch zum Abfüllen des Saftes durch die dazugehörige Klammer geschlossen.) • Nach Ende der Dämpfzeit den Saft durch den Schlauch in die gründlich gereinigten und heißgespülten Flaschen laufen lassen und bei jeder Flasche den sich bildenden Schaum überquellen lassen. (Am besten ein unempfindliches Tablett unter die zu füllenden Flaschen stellen.) • Jeweils den Schlauch wieder zuklammern und die gefüllte Flasche sofort mit einer ausgekochten Gummikappe schließen. • Die gefüllten Flaschen an einem zugfreien Ort erkalten lassen und dann beschriften.

Varianten:
Gedämpfter Aprikosensaft: Aprikosensaft kann im Dampfentsafter nach dem obenstehenden Rezept gewonnen werden.

Gedämpfter Kirschsaft: Saft aus süßen Kirschen kann im Dampfentsafter nach obenstehendem Rezept gewonnen werden. Am besten werden aber süße und saure Kirschen gemischt.

Gedämpfter Traubensaft: Traubensaft kann im Dampfentsafter nach obenstehendem Rezept gewonnen werden; allerdings bleibt Saft aus Weintrauben stets etwas trüb.

Mein Tip:
Der gedämpfte Saft muß sofort nach der vorgeschriebenen Zeit abgefüllt und die Flaschen verschlossen werden, da sonst die Keimfreiheit nicht garantiert ist. • Bei sehr saftreichen Früchten sollte man sicher gehen, daß das Saftauffanggerät nicht überläuft; deshalb bereits nach 10 Minuten Dämpfzeit die erste Flasche abfüllen.

◁ Russische Senffrüchte (Rezept Seite 66) sind als Beilage zu feinen Braten eine beliebte Delikatesse.

Gedämpfter Heidelbeersaft

Zutaten:
4 kg Heidelbeeren
400 g Zucker

Vorbereitungszeit:
20 Minuten

Dampfzeit:
45 Minuten

Die Geräte:
Dampfentsafter, Saftflaschen, Gummikappen.

So wird's gemacht:

Die Heidelbeeren gründlich mehrmals unter kaltem Wasser waschen und gut abtropfen lassen. • Die gut abgetropften Beeren mit dem Zucker gemischt in den Fruchtbehälter des Entsafters geben. • Den Wasserbehälter mit heißem Wasser füllen und das Saftauffanggefäß daraufstellen. • Den Fruchtbehälter in das Saftauffanggefäß hängen und den Kessel mit dem Deckel schließen. • Das Wasser zum Kochen bringen, die Hitze sofort so weit zurückschalten, daß der Kochvorgang konstant bleibt und 45 Minuten kochen lassen. (Während der Kochdauer bleibt der Schlauch zum Abfüllen des Saftes durch die dazugehörige Klammer geschlossen.) • Nach Ende der Dampfzeit den Saft durch den Schlauch in die gründlich gereinigten und gespülten Flaschen laufen lassen und bei jeder Flasche den sich bildenden Schaum überquellen lassen. (Am besten ein unempfindliches Tablett unter die zu füllenden Flaschen stellen.) • Jeweils den Schlauch wieder zuklammern und die gefüllte Flasche sofort mit einer ausgekochten Gummikappe schließen.

Varianten:

Gedämpfter Johannisbeersaft: Saft aus roten Johannisbeeren kann im Dampfentsafter nach obenstehendem Rezept hergestellt werden. Bei schwarzen Johannisbeeren benötigen Sie allerdings für 4 kg Beeren 600 g Zucker.

Gedämpfter Weichselsaft: Saft aus Weichseln (Sauerkirschen) läßt sich nach obigem Rezept herstellen.

Gedämpfter Rhabarbersaft: Rhabarbersaft läßt sich im Dampfentsafter aus ungeschälten Rhabarberstückchen nach obenstehendem Rezept herstellen.

Mein Tip:
Obstrückstände vom Dampfentsaften sind bereits so ausgenützt, daß es sich nicht lohnt, sie noch anderweitig zu verarbeiten.

Gedämpfter Birnensaft

Zutaten:
4 kg Birnen
200 g Zucker

Vorbereitungszeit:
20 Minuten

Dämpfzeit:
60 Minuten

Die Geräte:
Dampfentsafter, Saftflaschen, Gummikappen.

Mein Tip:
Besonders reizvolle Geschmacksnuancen ergeben sich, wenn Sie milde Früchte mit säuerlichen Früchten mischen, um daraus Saft zu gewinnen. Gut zueinander passen zum Beispiel Erdbeeren und Johannisbeeren, Himbeeren und Rhabarber, Äpfel und Holunderbeeren, Birnen und saure Zwetschgen.

So wird's gemacht:
Die Birnen waschen, schlechte Stellen herausschneiden und die Birnen ungeschält zerkleinern. • Die Birnenstücke mit dem Zucker gemischt in den Fruchtbehälter des Entsafters geben. • Den Wasserbehälter mit heißem Wasser füllen und das Saftauffanggefäß daraufstellen. • Den Fruchtbehälter mit den Birnenstücken in das Saftauffanggefäß hängen und den Kessel mit dem Deckel schließen. • Das Wasser zum Kochen bringen, die Hitze sofort so weit zurückschalten, daß der Kochvorgang konstant bleibt und 60 Minuten kochen lassen. (Während der Kochdauer bleibt der Schlauch zum Abfüllen des Saftes durch die dazugehörige Klammer geschlossen.) • Nach Ende der Dampfzeit den Saft durch den Schlauch in die gründlich gereinigten und heißgespülten Flaschen laufen lassen und bei jeder Flasche den sich bildenden Schaum überquellen lassen. (Am besten ein unempfindliches Tablett unter die zu füllenden Flaschen stellen.) • Jeweils den Schlauch wieder zuklammern und die gefüllte Flasche sofort mit einer ausgekochten Gummikappe schließen. • Die Flaschen an einem zugfreien Ort erkalten lassen und erst dann beschriften.

Variante:
Gedämpfter Apfelsaft: Nach dem gleichen Rezept läßt sich auch Apfelsaft im Dampfentsafter herstellen.

Gedämpfter Preiselbeersaft: Im Dampfentsafter läßt sich nach obigem Rezept Saft aus Preiselbeeren gewinnen.

Gedämpfter Quittensaft: Die Quitten noch vor dem Waschen gründlich mit einem Tuch abreiben und dann ungeschält zerkleinern. Den Quittensaft wie im obenstehenden Rezept, allerdings mit 400 g Zucker auf 4 kg Früchte, herstellen.

Gedämpfter Tomatensaft

Zutaten:
4 kg Tomaten

Vorbereitungszeit:
15 Minuten

Dämpfzeit:
45 Minuten

Die Geräte:
Dampfentsafter, Saftflaschen, Gummikappen.

So wird's gemacht:
Die Tomaten gründlich kalt waschen, abtrocknen, eventuell anhaftende Stiele entfernen und die Tomaten in kleine Stücke schneiden. • Die Tomatenstücke in den Fruchtbehälter des Entsafters geben. • Den Wasserbehälter mit heißem Wasser füllen, das Saftauffanggefäß auf den Wasserbehälter stellen, den Fruchtbehälter mit den Tomatenstückchen in das Saftauffanggefäß hängen und den Kessel mit dem Deckel schließen. • Das Wasser zum Kochen bringen, die Hitze sofort zurückschalten, so daß der Kochvorgang konstant bleibt und 45 Minuten kochen lassen. (Während der Kochdauer bleibt der Schlauch zum Abfüllen des Saftes durch die dazugehörige Klammer geschlossen.) • Nach Ende der Dampfzeit den Saft durch den Schlauch in die gründlich gereinigten und heißgespülten Flaschen laufen lassen und bei jeder Flasche den sich bildenden Schaum überquellen lassen. (Am besten ein unempfindliches Tablett unter die zu füllenden Flaschen stellen.) • Jeweils den Schlauch wieder zuklammern und die gefüllte Flasche sofort mit einer ausgekochten Gummikappe schließen. • Die Flaschen an einem zugfreien Ort erkalten lassen und erst dann beschriften.

Varianten:
Gedämpfter Spinatsaft: Den Spinat gründlich kalt waschen, abtropfen lassen und grob zerkleinern. Den rohen zerkleinerten Spinat nach obengenanntem Rezept zubereiten.

Gedämpfter Gurkensaft: Die Gurken kalt abwaschen, schälen, in Stücke schneiden und nach dem obengenannten Rezept zubereiten.

Mein Tip:
Gemüsesäfte schmecken als Trinksaft gut mit etwas Salz, Pfeffer, Tabascosauce, Zitronensaft oder Paprikapulver gewürzt. Sie eignen sich aber auch zum Verfeinern von Suppen und Saucen!

Gedämpfter Möhrensaft

Zutaten:
5 kg Möhren

Vorbereitungszeit:
40 Minuten

Dampfzeit:
60 Minuten

Die Geräte:
Rohkostreibe oder Schnitzelwerk der Küchenmaschine, Dampfentsafter, Saftflaschen, Gummikappen.

So wird's gemacht:
Die Möhren gründlich waschen, schaben und auf der Rohkostreibe raspeln oder im Schnitzelwerk der Küchenmaschine zerkleinern. • Die Möhrenstückchen in den Fruchtbehälter des Entsafters geben. • Den Wasserbehälter mit heißem Wasser füllen, das Saftauffanggefäß auf den Wasserbehälter stellen, den Fruchtbehälter in das Saftauffanggerät hängen und den Kessel mit dem Deckel schließen. • Das Wasser zum Kochen bringen, die Hitze sofort so weit zurückschalten, daß der Kochvorgang konstant bleibt und 60 Minuten kochen lassen. (Während der Kochdauer bleibt der Schlauch zum Abfüllen des Saftes durch die dazugehörige Klammer geschlossen.) • Nach Ende der Dampfzeit den Saft durch den Schlauch in die gründlich gereinigten und heißgespülten Flaschen laufen lassen und bei jeder Flasche den sich bildenden Schaum überquellen lassen. (Am besten ein unempfindliches Tablett unter die zu füllenden Flaschen stellen.) • Jeweils den Schlauch wieder zuklammern und die gefüllte Flasche sofort mit einer ausgekochten Gummikappe schließen.

Mein Tip:
Besonders reizvolle Geschmacksnuancen erhalten Sie, wenn Sie verschiedene Gemüse miteinander kombinieren; es passen zum Beispiel gut zusammen: Gurken- und Zwiebelsaft, Rettich- und Spinatsaft, Sellerie- und Möhrensaft, Tomaten- und Selleriesaft.

Varianten:

Gedämpfter Rettichsaft: Die Rettiche gründlich waschen, putzen und ebenfalls raspeln. Die Rettichraspeln wie im Rezept für Möhrensaft beschrieben verarbeiten.

Gedämpfter Rote-Bete-Saft: Die roten Beten ungeschält gründlich waschen, raspeln und wie im Rezept für Möhrensaft beschrieben verarbeiten.

Gedämpfter Zwiebelsaft: Die Zwiebeln schälen, schlechte Stellen entfernen, waschen und grob zerkleinern. Aus den Zwiebelstückchen nach obengenanntem Rezept im Dampfentsafter Saft bereiten.

Feine Essigkirschen

Bild Seite 17

Zutaten:
2 kg Kirschen
1 kg Zucker
¼ l Weinessig
50 g Senfkörner

Zubereitungszeit:
1 Stunde

Die Geräte:
Großer Topf, Steinguttopf oder Marmeladengläser, Einmach-Cellophan, Küchengarn.

So wird's gemacht:
Die Kirschen waschen, abtropfen lassen und entstielen. • Die Kirschen so über einer Schüssel entsteinen, daß der abtropfende Kirschsaft gesammelt wird. • Den Kirschsaft mit dem Zucker und dem Weinessig verrühren, unter Rühren 10 Minuten kochen und dann erkalten lassen. • Die Hälfte der Senfkörner im Mörser, mit einem Gewicht oder mit dem Kartoffelstampfer zerstoßen, mit den ganzen Senfkörnern und den Kirschen mischen und die Früchte in den Steinguttopf oder in die Marmeladengläser füllen. • Den erkalteten Sud über die Früchte gießen. • Den Steinguttopf oder die Marmeladengläser mit feuchtem Einmach-Cellophan schließen, mit Küchengarn zubinden und die Gläser beschriften.

So schmeckt's am besten:
Die feinen Essigkirschen schmecken sehr gut zu Wildbraten, Rinderbraten und zu Steaks. Sie sind aber auch eine ausgezeichnete geschmacksgebende und farbliche Zutat zu gemischten Salaten.

Mein Tip:
Auf gleiche Weise können Sie auch Mirabellen oder Stachelbeeren zubereiten.

Süßsaure Zwetschgen

Zutaten:
1 1/2 kg Zwetschgen
3/4 l leichter Weißwein
1/4 l leichter Rotwein
12 Eßl. Essigessenz
Saft und Schale von
 2 Zitronen
1 Ingwerwurzel
6 Gewürznelken
1 kg Zucker

Zubereitungszeit:
40 Minuten und 3 × 10 Minuten

Die Geräte:
Kochtopf, 1 hoher Steinguttopf, Einmach-Cellophan, Küchengarn.

So wird's gemacht:
Die Zwetschgen gründlich waschen, abtrocknen und jede Zwetschge mehrmals mit einem Holzspießchen einstechen. • Die Zwetschgen in einen genügend großen Steinguttopf füllen. • Den Weißwein mit dem Rotwein, der Essigessenz und dem Zitronensaft in einen großen Topf geben. Die Zitronenschale, die Ingwerwurzel, die Nelken und den Zucker zugeben und gut umrühren. • Die Marinade im geschlossenen Topf erhitzen, den Deckel abnehmen, wenn die Marinade kocht und unter Rühren einige Sekunden kochen lassen. • Die heiße Marinade über die Zwetschgen gießen und den Topf mit einem Deckel oder einer Untertasse verschließen. Die Zwetschgen 24 Stunden an einem kühlen Ort stehenlassen. • Nach 24 Stunden die Marinade abgießen, erneut aufkochen und wieder über die Zwetschgen füllen. Diesen Vorgang noch zweimal nach jeweils 24 Stunden wiederholen. • Den Steinguttopf danach mit Einmach-Cellophan endgültig verschließen, beschriften und an einem kühlen dunklen Ort aufbewahren.

So schmeckt's am besten:
Die süßsauren Zwetschgen schmecken als Beilage zu Schweinebraten, Sauerbraten, Pilzgerichten oder zu kaltem Aufschnitt; sie passen gut in einen Linseneintopf oder als deftiges Dessert.

Mein Tip:
Wenn Sie keinen großen Steinguttopf besitzen, können Sie die Zwetschgen auch in großen Einmachgläsern konservieren.

Stachelbeeren auf französische Art

Bild 2. Umschlagseite

Zutaten:
2 kg möglichst nicht ganz reife Stachelbeeren
1 kg Zucker
1/2 l leichter Weißwein
1 Stange Zimt
2 Gewürznelken

Zubereitungszeit:
4 Minuten und 3 × 10 Minuten

Die Geräte:
Kochtopf, Steinguttopf, Einmach-Cellophan, Bindfaden.

So wird's gemacht:
Die Beeren sorgfältig von Stielen und Blütenansätzen befreien, gründlich kalt waschen und abtropfen lassen. • Den Zucker mit dem Weißwein mischen, die Zimtstange und die Gewürznelken zugeben und alles unter ständigem Rühren 10 Minuten kochen lassen. • Die abgetropften Stachelbeeren in den Steinguttopf geben und mit dem heißen Zuckersirup übergießen. Den Steinguttopf mit einer Untertasse oder einem Deckel zudecken und über Nacht stehenlassen. • Jeweils nach 24 Stunden 3 mal die Flüssigkeit von den Stachelbeeren abgießen, noch einmal aufkochen und heiß über die Beeren gießen. • Nach diesem Vorgang die Stachelbeeren mit dem Sirup noch einmal in einen Topf geben, zum Kochen bringen, heiß in den Steinguttopf füllen und abkühlen lassen. • Den Steinguttopf mit Einmach-Cellophan gut verschließen und den Topf beschriften. • Die Stachelbeeren in einem dunklen kühlen Raum aufbewahren.

So schmeckt's am besten:
Die Stachelbeeren passen gut zu Grießpudding, zu Reisbrei und zu Quark- oder Joghurtspeisen.

Mein Tip:
Wenn Sie die säuerliche Geschmacksnote bevorzugen, so geben Sie zum Zuckersirup noch den Saft von 2 Zitronen.

Arrak-Früchte

Bild 2. Umschlagseite

Zutaten:
500 g Aprikosen
500 g Pfirsiche
600 g Zucker
2 Tassen Wasser
1/2 l Arrak

Zubereitungszeit:
30 Minuten

Die Geräte:
1 Kochtopf, Marmeladengläser, Einmach-Cellophan, Küchengarn.

So wird's gemacht:
Die Aprikosen und die Pfirsiche mit kochendheißem Wasser überbrühen, etwa 2 Minuten im kochendheißen Wasser liegen lassen, dann herausheben und die Schalen abziehen. • Den Zucker mit dem Wasser gründlich verrühren und unter Rühren aufkochen lassen. • Die Aprikosen und die Pfirsiche – eventuell nacheinander – in den kochenden Zuckersirup legen, bis die Früchte glasig aussehen. Die Früchte mit dem Schaumlöffel dann wieder aus der Zuckerlösung heben. • Die Zuckerlösung unter Rühren weitere 10 Minuten kochen lassen und zuletzt mit dem Arrak verrühren. • Die Aprikosen und die Pfirsiche gemischt oder getrennt in heißausgespülte Marmeladengläser legen und mit der Arraklösung übergießen. • Die Gläser mit Einmach-Cellophan gut verschließen und restlos abkühlen lassen. • Die abgekühlten Gläser beschriften und in einem dunklen kühlen Raum aufbewahren.

So schmeckt's am besten:
Die Arrak-Früchte sind delikat als Dessert für Erwachsene mit geschlagener Sahne oder als Beigabe zu Vanille-Eiscreme. Die Früchte können aber auch eine geschmacksgebende Zutat für feine Fruchtsalate sein.

Mein Tip:
Da die Früchte im ganzen konserviert werden, sollten die Gläser möglichst breite Formen haben. Fehlen derartige Gläser, können Sie die Früchte auch in kleine breite Steinguttöpfe einlegen.

Ingwer-Melone

Bild auf der Titelseite

Zutaten:
2 kg Honigmelonen
1 Zitrone
1/2 l Weinessig
1/2 l Wasser
1 kg Zucker
1 Stange Zimt
2 Eßl. Ingwerknolle aus dem Glas
4 Eßl. Ingwersirup aus dem Glas
1/2 Tasse Cognac

Zubereitungszeit:
40 Minuten

Die Geräte:
Kochtopf, Sieb, Steinguttopf, Einmach-Cellophan, Küchengarn.

Mein Tip:
Sollten Sie die Melone säuerlicher mögen, so geben Sie noch den Saft einer weiteren Zitrone zu.

So wird's gemacht:
Die Melonen halbieren, die Kerne herauskratzen und das Fruchtfleisch in gleichgroßen Würfeln aus den Schalenhälften schneiden. • Die Zitrone heiß abwaschen, abtrocknen und die Schale in dünnen Spiralen – ohne die weiße Unterhaut – abschälen. Die Zitrone dann auspressen und den Saft aufbewahren. • Den Weinessig mit dem Wasser und dem Zucker gut verrühren und mit der Zimtstange unter Rühren etwa 3 Minuten kochen lassen. • Die Ingwerknolle in kleine Stückchen schneiden und mit den Melonenwürfeln in den Sud geben. Die Melonenwürfel so lange kochen lassen (etwa 2 Minuten), bis sie beginnen weich zu werden. • Die Melonenwürfel und die Ingwerstückchen durch ein Sieb gießen und in den Steinguttopf füllen. • Den Sud zurück in den Kochtopf gießen, den Zitronensaft und den Ingwersirup zugeben und noch einige Sekunden sprudelnd kochen lassen. Den Sud vom Herd nehmen, mit dem Cognac verrühren und heiß über die Melonenwürfel füllen. • Den Steinguttopf mit Einmach-Cellophan verschließen, zubinden, abkühlen lassen und dann beschriften.

So schmeckt's am besten:
Die Ingwer-Melone schmeckt delikat zu Wildbraten, zu Geflügelbraten, zu kaltem Kasseler und ist pikante Geschmacksnuance für gemischte Salate. Sie eignet sich aber auch hervorragend zum Anreichern von Fruchtsalaten und als Beigabe zu Eiscremes, zu Quarkspeisen und zu Puddings.

Russische Senffrüchte

Bild Seite 56

Zutaten:
500 g kleine Birnen
500 g Pflaumen
500 g Reineclauden
1/2 l Essig
1/2 l Weißwein
500 g Zucker
1 gehäufter Teel. Senfmehl

Zubereitungszeit:
50 Minuten

Die Geräte:
Großer Topf, Steinguttopf oder Marmeladengläser, Einmach-Cellophan, Küchengarn.

So wird's gemacht:
Die Birnen waschen, abtrocknen und dünn schälen. Den Blütenansatz an den Birnen lassen, aber die Stiele entfernen. • Die Pflaumen mit kaltem Wasser waschen, abtrocknen und die Stiele entfernen. • Die Reineclauden ebenfalls kalt waschen, abtrocknen und die Stiele entfernen. • Den Essig mit dem Weißwein und dem Zucker verrühren und unter Rühren zum Kochen bringen. • Die Birnen in die Zuckerlösung geben und zugedeckt bei milder Hitze 10 Minuten kochen lassen. • Nach 10 Minuten die Pflaumen und die Reineclauden in den Zuckersud geben und weitere 3 Minuten kochen lassen. • Die Früchte durch ein Sieb gießen und die Flüssigkeit in den Topf zurückgeben. • Die Früchte in den Steinguttopf oder in die Marmeladengläser schichten. • Den Zuckersud unter ständigem Umrühren so lange kochen lassen, bis Sirup daraus wird. • Das Senfmehl mit dem Sirup mischen und noch warm über die Früchte gießen. • Die Senffrüchte erkalten lassen und den Steinguttopf oder die Gläser erst dann mit feuchtem Einmach-Cellophan schließen, mit Küchengarn zubinden und beschriften.

So schmeckt's am besten:
Die russischen Senffrüchte sind eine pikante Beilage zu kaltem Braten oder kaltem Geflügel, zur Wurstplatte sowie zu milden Käsewürfeln als Appetithäppchen.

Mein Tip:
Die Senffrüchte schmecken auch mit Kürbiswürfeln statt der Reineclauden und mit Kirschen statt der Pflaumen.

Pikante Gurken

Bild 3. Umschlagseite

Zutaten:
2 kg Salatgurken
200 g Orangeat
1/2 l Essig
1 l Wasser
750 g Zucker
1 Stange Zimt
12 Gewürznelken

Zubereitungszeit:
1 Stunde

Die Geräte:
Großer Topf, Steinguttopf oder große Marmeladengläser, Einmach-Cellophan, Küchengarn.

Mein Tip:
Junge Salatgurken können auch ungeschält verarbeitet werden. • Wenn Sie die Gurken etwas säuerlicher bevorzugen, so nehmen Sie 3/4 l Essig und 3/4 l Wasser.

So wird's gemacht:
Die Gurken kalt abwaschen, abtrocknen und dünn schälen. • Die Gurken längs halbieren und mit einem Silberlöffel die Kerne herauskratzen. • Die Gurkenhälften in fingerlange Stücke schneiden. • Das Orangeat in kleine Würfel schneiden. • Den Essig mit dem Wasser und 200 g Zucker verrühren. Den Zimt und die Gewürznelken zum Zuckersud geben, unter Rühren aufkochen lassen und danach abschäumen. • Die Gurkenstückchen in den Zuckersud legen und so lange bei milder Hitze zugedeckt kochen lassen, bis die Gurkenstückchen glasig sind. • Die Gurkenstückchen in ein Sieb schütten und die Flüssigkeit im Topf auffangen. • Den restlichen Zucker und das Orangeat in den Zuckersud geben und diesen unter Rühren so lange kochen lassen, bis er leicht dicklich wird. • Die Gurken dann noch einmal in den Sirup geben und bei milder Hitze etwa 5 Minuten gut durchziehen lassen. • Alles noch einmal durch ein Sieb gießen und den Sud im Topf auffangen. • Die Gurken in den Steinguttopf oder in die Marmeladengläser schichten. • Den Sirup noch einmal kurz aufkochen lassen und heiß über die Gurkenstückchen gießen. • Den Steinguttopf oder die Marmeladengläser mit feuchtem Einmach-Cellophan verschließen, mit Küchengarn zubinden und erkalten lassen. • Die Gläser erst nach dem Erkalten beschriften.

So schmeckt's am besten:
Die pikanten Gurken schmecken ausgezeichnet zu jedem herzhaften kalten Imbiß, zu kaltem Braten und Geflügel, zu Bratkartoffeln und zu gebratenem und gegrilltem Fleisch.

Pikante Kürbiswürfel

Zutaten:
2 1/2 kg Kürbis
1/2 l Essig
1/2 l Wasser
1 1/2 kg Zucker
1 Tasse Weinessig
10 Gewürznelken
2 Stückchen dünn abgeschälte Zitronenschale
Saft von 2 Orangen

Ruhezeit:
12 Stunden

Zubereitungszeit:
50 Minuten

Die Geräte:
Kochtopf, Steinguttopf, Einmach-Cellophan, Küchengarn.

So wird's gemacht:
Den Kürbis dick schälen, vierteln, die Kerne herauskratzen und das Fruchtfleisch in gleichkleine Würfel schneiden. • Den Essig mit dem Wasser mischen, über die Kürbiswürfel gießen und diese zugedeckt über Nacht im Kühlschrank darin marinieren. • Den Zucker mit dem Weinessig und 1 Tasse Wasser gut verrühren, die Gewürznelken und die Zitronenschale zugeben und in einem genügend großen Topf zum Kochen bringen. Die Kürbiswürfel abtropfen lassen, in die heiße Marinade geben und bei milder Hitze so lange kochen lassen, bis die Kürbiswürfel glasig aber nicht zu weich sind. • Die Kürbiswürfel mit einem Schaumlöffel aus der heißen Marinade heben und in den Steinguttopf füllen. • Den Orangensaft zur Marinade geben, die Marinade einige Sekunden sprudelnd kochen lassen und dann heiß über die Kürbiswürfel füllen. • Den Steinguttopf mit Einmach-Cellophan gut verschließen, den Topf beschriften und die Kürbiswürfel an einem kühlen dunklen Ort aufbewahren.

So schmeckt's am besten:
Die süßsauren Kürbiswürfel schmecken als Beilage zu Braten und zu kaltem Aufschnitt; sie sind eine hervorragende Geschmackszutat zu Würzsaucen oder Bestandteil von gemischten Salaten.

Mein Tip:
Sollten Sie keinen Steinguttopf zur Verfügung haben, so können Sie die Kürbiswürfel auch in großen Einmachgläsern konservieren.

Rumtopf

Zutaten:
1 kg Erdbeeren
500 g Zucker
1 l Rum (54%)

Zum Auffüllen:
Für je 500 g Obst 250 g Zucker und Rum

Zubereitungszeit:
Jeweils 30 Minuten bis 1 Stunde

Die Geräte:
Ein möglichst geradwandiger Steinguttopf mit Deckel für etwa 5–7 l Inhalt, Einmach-Cellophan, Küchengarn.

Mein Tip:
Der Rumtopf kann auch noch im August mit allen erhältlichen Früchten auf einmal bereitet werden. Die Früchte mit dem Zucker mischen, 3 Stunden im Kühlschrank ziehen lassen und wie in obigem Rezept einlegen. Zum Rumtopf reife, aber nur einwandfreie Früchte verwenden.

So wird's gemacht:
Die Erdbeeren waschen, abtropfen lassen, putzen, schichtweise mit dem Zucker in eine Schüssel geben und zugedeckt im Kühlschrank 1 Stunde stehen lassen. • Die Früchte in den gut gereinigten Steinguttopf geben und so viel Rum darübergießen, daß die Früchte gut 2 cm mit Rum bedeckt sind. • Den Rumtopf mit feuchtem Einmach-Cellophan verschließen, mit Küchengarn zubinden und den Deckel auflegen. (Nach jedem Öffnen den Rumtopf wieder mit Einmach-Cellophan und dem Deckel verschließen.) • In den ersten 8 Tagen den Rumtopf vorsichtig bewegen und einmal mit einem rostfreien Löffel umrühren. Später genügt es, alle 14 Tage umzurühren. • Je nach Jahreszeit weitere Früchte – jeweils 500 g mit 250 g Zucker gemischt – zum Rumtopf geben. Stets müssen 2 cm Rum über den Früchten sein! • Stachelbeeren: gewaschen, von Blüten und Stielen befreit zum Rumtopf geben. • Süße Kirschen: gewaschen, von Stielen befreit und entsteint. • Johannisbeeren und Himbeeren: gewaschen und entstielt zugeben. • Aprikosen: abgezogen, halbiert ohne Kerne. • Sauerkirschen: gewaschen, ohne Stiele, aber nicht entsteint. • Pfirsiche: abgezogen, geviertelt ohne Kerne, vorher jedoch mit Zucker gemischt zugeben, $1/2$ Stunde im Kühlschrank ziehen lassen. • Birnen: gewaschen, geschält, geviertelt und vom Kerngehäuse befreit. • Frische Ananas: geschält, geviertelt, vom harten Kern befreit, in Würfel geschnitten. • Den Rumtopf stets in einem kühlen dunklen Raum aufbewahren.

So schmeckt's am besten:
Rumtopffrüchte passen zu trockenem Kuchen, zu Pudding, Eiscreme oder zu Wildbraten. Der Saft des Rumtopfes mit Sekt aufgegossen ergibt einen wunderbaren Cocktail.

Saisonkalender

In den mit × angegebenen Monaten besitzen die jeweiligen Früchte das meiste Aroma!

	Januar	Februar	März	April	Mai	Juni	Juli	August	September	Oktober	November	Dezember
Ananas	×	×	×	×								×
Apfel								×	×	×	×	×
Aprikose						×	×	×				
Banane	×	×								×	×	×
Birne	×	×								×	×	×
Brombeere								×	×	×		
Erdbeere					×	×	×					
Hagebutte								×	×	×		
Heidelbeere						×	×	×	×			
Himbeere								×	×			
Holunderbeere								×	×	×		
Johannisbeere						×	×	×				
Kirsche, sauer						×	×	×				
Kirsche, süß					×	×	×					
Kürbis								×	×	×		
Melone								×	×	×		
Mirabelle								×	×			
Orange	×	×									×	×
Pfirsich							×	×	×			
Pflaume								×	×	×		
Preiselbeere								×	×			
Quitte								×	×	×		
Reineclaude								×	×	×		
Rhabarber					×	×	×					
Stachelbeere								×	×			
Tomate								×	×	×		
Weintraube									×	×	×	
Zitrone	×	×	×							×	×	×

Die neuen Küchenratgeber:
Originell – praktisch – preiswert

Alle hier vorgestellten
Küchen-Ratgeber sind in gleicher
Ausstattung und gleichem
Preis überall dort erhältlich
wo es Bücher gibt.
Viel Spaß beim Kochen und
guten Appetit wünscht Ihnen Ihr

Gräfe und Unzer Verlag München

Rezept- und Sachregister

3. Umschlagseite: Pikante Gurken (Rezept Seite 67) hintere Umschlagseite: Fruchtcocktail (Rezept Seite 31)

Abfüllen von Marmelade 13
– von Saft 14
Ananasmarmelade 36
Apfelgelee 48
Apfelkompott 16
Apfelmarmelade, roh gerührt 32
Apfelmus 19
Apfelsaft, gedämpfter 58
Apfelsaft, gekochter 53
Apfelsaft, roher 52
Aprikosenkompott 21
Aprikosenkonfitüre 47
Aprikosenmarmelade, gekocht 33
Aprikosensaft, gedämpfter 54
Arrak-Früchte 64

Birnenkompott 20
Birnenmarmelade 34
Birnensaft, gedämpfter 58
Brombeerkompott 25
Brombeerkonfitüre 46
Brombeermarmelade 39

Diabetiker-Marmelade 44

Eingelegte Früchte 14
Einkochen im Backofen 10
– im Kessel 9
– in Gläsern 8
Erdbeerkompott 24
Erdbeerkonfitüre 46
Erdbeermarmelade 36
Erdbeer-Rhabarber-Marmelade 33
Erdbeersaft, roher 52

Feine Essigkirschen 61
Fruchtcocktail 31
Fruchtsäure, Allgemeines 13

Gefäße für eingelegte Früchte 14
Gelee, Allgemeines 11
Geliermittel, Allgemeines 12
Grapefruitgelee 49
Grapefruitmarmelade 40
Gurkensaft, gedämpfter 59

Hagebuttenmarmelade 42
Hagebuttensaft, gekochter 53
Heidelbeerkompott 22

Heidelbeerkonfitüre 46
Heidelbeermarmelade, gekocht 33
Heidelbeersaft, gedämpfter 57
Himbeerkompott 24
Himbeerkonfitüre 46
Himbeermarmelade 39
Himbeersaft, roher 52
Holundermarmelade 43

Ingwer-Melone 65

Johannisbeerkompott 25
Johannisbeermarmelade, gemischte 39
Johannisbeermarmelade, roh gerührt 32
Johannisbeersaft, gedämpfter 57
Johannisbeersaft, roher 52

Kirschenmarmelade, gekocht 33
Kirschkompott 23
Kirschsaft, gedämpfter 54
Kirschsaft, gekochter 53
Kompott aus schwarzen Johannisbeeren 25
Kürbismarmelade 35

Lagerdauer 6
Lagerraum 7

Mandarinenmarmelade 40
Marmelade kochen 11
Mirabellenkompott 21
Mirabellenkonfitüre 47
Mirabellenmarmelade 34
Möhrensaft, gedämpfter 60

Orangengelee 49
Orangenmarmelade 40

Pfirsichkompott 21
Pfirsichkonfitüre 47
Pfirsichmarmelade 34
Pfirsichsaft, gedämpfter 54
Pflaumenkompott 29
Pflaumenkonfitüre 47
Pflaumenmarmelade 35, 36
Pflaumenmus 45
Pikante Gurken 67

Pikante Kürbiswürfel 68
Preiselbeerkompott 26
Preiselbeermarmelade, roh gerührt 32
Preiselbeersaft, gedämpfter 58

Quittengelee 50
Quittenkompott 20
Quittenmarmelade, roh gerührt 32
Quittensaft, gedämpfter 58

Reineclaudenkompott 29
Reineclaudenkonfitüre 47
Reineclaudenmarmelade 34
Rettichsaft, gedämpfter 60
Rhabarberkompott 25
Rhabarbermarmelade, gekocht 33
Rhabarbersaft, gedämpfter 57
Rhabarbersaft, gekochter 53
Rote-Bete-Saft, gedämpfter 60
Rumtopf 69
Russische Senffrüchte 66

Saft einmachen 14
Sanddornmarmelade 42
Sauerkirschkompott 23
Sauerkirschmarmelade 35
Schwarze Johannisbeermarmelade 35
Spinatsaft, gedämpfter 59
Stachelbeeren, französische Art 63
Stachelbeerkompott 30
Stachelbeermarmelade, roh gerührt 32
Süßsaure Kirschmarmelade 36
Süßsaure Zwetschgen 62

Temperaturen 9
Tomatenmarmelade 41
Tomatensaft, gedämpfter 59
Traubensaft, gedämpfter 54

Weichselsaft, gedämpfter 57
Weintraubengelee 51

Zitronengelee 49
Zucker, Allgemeines 12
Zwetschgenmus 45
Zwiebelsaft, gedämpfter 60